Zwischen Kreisel und Kleistpark

Volker Wieprecht

Zwischen Kreisel und Kleistpark

Berliner Orte

be.bra verlag

Mehr Informationen im Internet

Bibliografische Information der Deutschen Nationalbibliothek
Die Deutsche Nationalbibliothek verzeichnet diese Publikation in der Deutschen Nationalbibliografie; detaillierte bibliografische Daten sind im Internet über http://dnb.d-nb.de abrufbar.

KulturBrauerei Haus 2
Schönhauser Allee 37, 10435 Berlin
post@bebraverlag.de
Lektorat: Marijke Topp, Berlin
Umschlag und Foto: Manja Hellpap, Berlin
Satz: typegerecht, Berlin
Schrift: Stempel Garamond 10/14 pt
Druck und Bindung: GGP Media GmbH, Pößneck
ISBN 978-3-89809-119-0

www.bebraverlag.de

Inhalt

Diese Welt körperlicher Existenz, die als komplette Umwelt (mit Landschaft, Bergen usw.) erlebt wird, nennt man voll gereift, weil sie die Ausreifung jener karmischen Tendenzen darstellt, die eine derartige Erfahrung hervorrufen.

Kalu Rinpoche

Für Kim

Ankunft: Charlottenburg

Ich bin kein Berliner! Ich habe das erst neulich noch mal allen erklärt, die in meinem Auto saßen. Also im Wesentlichen meiner Tochter. Wir fuhren am John-F.-Kennedy-Platz vorbei und ich legte ihr ebenso unaufgefordert wie weltmännisch dar, wie der damalige US-Präsident genau hier sagte, dass er einer von denen, also quasi uns hier sei. Das war in dem Jahr, in dem ich geboren wurde. Ich halte das für ein Zeichen. Es ist signifikant. Es bezeichnet die Tatsache, dass Ungleiches sich zur gleichen Zeit vollziehen kann. Etwas Großes und etwas Kleines. Je nach Perspektive. Ich zitierte dann bei ordnungsgemäßen fünfzig Stundenkilometern Reisegeschwindigkeit wörtlich den amerikanischen Präsidenten. Ich kann das, weil dieses Zitat als Sample mal auf einer Single war, die ich hatte. Wenn Sie die Scheibe auch haben, wissen Sie, welche ich meine. Wenn nicht, brauchen Sie sie bestimmt auch nicht. Es sei denn, Sie halten John F. und die Gropiuslerchen für ein historisch wichtiges Tondokument. Vor zweitausend Jahren, hob der gute, bei Frauen so beliebte Mann an, sei das stolzeste Bekenntnis gewesen: Civis romanus sum. – Ich bin ein Bürger Roms. Und dann kam's: »Today, in the world of freedom, the proudest boast is ›Ich bin ein Berliner‹.« Das klang super. Die Vokabel »boast« musste ich dann aber doch noch mal an der nächsten Ampel auf dem Smartphone googeln und ich war verwundert, dass es nicht nur *Stolz* bedeutet, sondern auch *Prahlerei*. Hatte ich vergessen (vielleicht auch nie gewusst).

Wie ganz und gar unbescheiden von John F., den Prahlhans zu geben und sich mit 1.500.000 Piepeln gemein zu machen, die vor dem Schöneberger Rathaus das Menschenmeer gaben. Der Mann erscheint mir heute wie ein graues, beschlipstes Chamäleon vor schwarz-weißem Hintergrund, allerdings ganz nach Berliner Art: weit die Klappe aufreißen und erst mal voll hinlangen. Mit etwas Glück hat man einen Treffer – und die anderen haben zu tun.

Ein brüsker Ton gepaart mit dem Hang zur Übertreibung ist mir nicht gänzlich wesensfremd. Ich gebe gerne den Lautsprecher; oder den Durchlauferhitzer. Mehr ist es ja nicht, Wasser oder Luft hat man nicht erfunden: Die Spree nicht, die Havel nicht und Berliner Luft in Dosen kauft heute auch keiner mehr. Als ich in Westberlin ankam, gab es in den Souvenirläden noch diese transparenten, orange oder gelb eingefärbten kleinen Luftkissen für eine Mark fünfzig, die ich meiner Oma mitbrachte. Sie fand das gut. »Berliner Luft« stand auf diesen Staubfängern. Ob die Luft in dem Kissen – wie damals üblich – nach Lausitzer Braunkohle roch, hatte meine Oma nie interessiert. Sie kam aus dem Kohlenpott, da ist man nicht so empfindlich.

Aber es gibt an jedem Ort Ströme und Strömungen, die einen mitreißen und durchdringen, die sich neu und bunt im Bewusstsein mischen. In Berlin fühle ich mich daher bis heute wohl. Ich passe hierher, von innen heraus gefühlt. Ich kann jederzeit und immer wieder über den typischsten aller Berliner Sätze lachen: »Hau dir selbst eins inne Fresse, ick hab grade keene Zeit!«

Von meinesgleichen umgeben bin ich seit 1976. Vorher war ich Herner aus der Stadt im Ruhrgebiet, aus der auch der Schlagersänger Jürgen Markus und der »Pilsken« zapfende Backenschlürfer Jürgen Tegtmeyer kommen. Beide keine guten Leumunde in dieser kulturellen Diaspora. Kurz vor meinem dreizehnten Geburtstag wurde ich ungefragt umgepflanzt. Einmal kurz rupfen, abschütteln und weg war sie, die Muttererde an der Wurzel meiner Persönlichkeit. Die Erzeugerin bestellte den Garten ihres Lebensglückes neu. Zurück blieb ein leerer Platz in der Klasse 7a des Herner Pestalozzi-Gymnasiums. Am Eisentor zur Neustrasse gaben vier Jungen mir zum Abschied gefasst

Wegweisende Beschilderung, nach der mein Leben sich unwillkürlich richtete.

die Hand. »Mach's gut!« »Meld dich mal!« sagte keiner. Es war cool, sich mal von allen zu verabschieden, hatte ich so ja noch nicht erlebt. Mädchen tauchten keine auf, und vermutlich weinte sich auch keine meinetwegen in den Schlaf. Kurz darauf zog die Schule in einen stattlichen Neubau um. In Herne hatte ich ganz offenbar keine tiefen Wurzeln, keine Schlingpflanzen, die sich an mir entlang oder besser hochrangelten. Ich fühlte mich dort – meinem Alter entsprechend – völlig nutzlos.

Seitdem gedeihe ich an den Koordinaten 52° 31' N, 13° 24' O als halbwegs frische Berliner Pflanze. Da und dort ein paar dürre Ästchen und oben herum recht laubarm, aber schön saftig und harzig im Stamm. Grundwasser haben wir Spreeathener ja reichlich, es geht also ganz gut. Danke der Nachfrage. Mein ursprünglicher Dialekt ist fast völlig verschwunden. Nur ab und zu hört man es noch, wenn ich im trauten Kreis die Wörter *Pfirsich* oder *Serviette* sage. Ich sage dann *Pfiasich* und *Särviejette.* Ich vermeide es aber, *»icke«* in den Mund zu nehmen. Es klingt bei mir eckig und anbiedernd. Dabei war es das erste Wort, das man mir beizubringen versuchte, als man hörte, dass ich nach Berlin ziehen würde. Der Mehrheit ist noch nie viel eingefallen.

Zu dritt im Fond des Siebentonners mit dem Vogelbauer auf dem Schoß quälten wir uns nachts über die Transitautobahn. 29. Juni 1976. Ich wusste über meine angehende Heimat nicht mehr als das: Ich würde fußläufig entfernt vom Schiller-Gymnasium am Ernst-Reuter-Platz wohnen. Das Wesentliche war damit geregelt und sollte die Stadt mal fallen oder vom Osten überrollt werden, würden mir die Volkspolizisten nichts tun. Schließlich stammte mein Vater auch aus der DDR. So erklärte ich es jedenfalls meinem Wellensittich Bobby, damit er nicht zu viel Angst hatte.

In meiner Vorstellung war Berlin vor allem eins: mehr als Herne. Mehr von allem. Größer als Herne. Schöner als Herne. Besser eben. Ich würde mit dem 62er-Bus zum Zoologischen Garten fahren und von dort zum Zoo Palast laufen. Damit hatten sie mich gelockt. Und mit einer Uhr von Eduscho für dreizehn Mark fünfundneunzig; ein Vermögen. »Dann weißt du immer, wann du zu Hause sein musst, wenn du zum Beispiel mal ins Kino gehst!« Kino! Ja! In den Royal Palast – »Europas größte Kinoleinwand«. Dort würde ich Filme sehen, wie ich sie zuvor noch nie gesehen hatte. »Die Marquise von O.« vielleicht, den zweiten Teil von »Der Mann, den sie Pferd nannten« oder »Der Mann, der vom Himmel fiel«! Berlin war meine »Futureworld«. Ein weiterer Film, der im Jahr 1976 meine Aufmerksamkeit erregte. In den Schaukästen der Ku'damm-Kinos sah ich später

Die Lichtbildkathedrale, in der uns durch Star Wars die Macht verliehen wurde (1970)

Bilder von vielen Streifen, die mich reizten. Ein Kaleidoskop meiner Begierden. Marmorhaus. Filmbühne Wien. Gloria Palast. Noch besser die Auslagen des schmuddeligen Non-Stop-Kinos Aki vis à vis vom Zoo Palast an der Stelle des heutigen Waldorf Astoria. Menschen, ihrer Kleidung beraubt, gerierten sich in meinen Augen unfassbar anziehend. Die Szenenfotos waren so attraktiv, dass D.M. und ich uns über die Notausgangstür hineinschlichen und so mit dreizehn unseren ersten Softporno sahen. Seitdem weiß ich, dass man beim Sex möglichst viel sinnfreies Zeug reden muss. Das macht echte Frauen wirklich an. Probieren Sie es! Und wo haben wir es gelernt? In Berlin. Danke!

Der Teil der Stadt, der nicht Hauptstadt der DDR war, bestand für mich anfangs nur aus der Trias Wohnhaus–Schule–

Ku'damm. Letzterer endete auf meinem inneren Stadtplan am Olivaer Platz. Danach komme nur noch Schrott, hieß es. Bis zum Lehniner Platz und dem dortigen Kino Universum kamen wir erst gar nicht. Auch nicht mit dem Bus, denn die Monatskarte kostete achtundzwanzig Mark. Also zu teuer. In die andere Richtung war der Ku'damm eigentlich nur ein Stummel. An der Gedächtniskirche hat er schon wieder offiziell ein Ende, weil er danach Tauentzien heißt.

Tauentzien. Mit oder ohne »h«? Taueziehn? Komischer Name. Damals stellte ich mir vor, die Straße würde einem langgezogenen Tau gleichen. Aber selbst ich war von dieser Erklärung wenig begeistert. Heute weiß ich, dass Friedrich Bogislav von Tauentzien ein preußischer General war, dessen Verdienste im Wesentlichen darin bestanden, Napoleons Truppen aus diversen Städten vertrieben – und mich postmortal von den dortigen Kinos ferngehalten zu haben. Das änderte sich, als die wirklich guten Mädchen anfingen, sich für schwierige Filme zu interessieren. Mit einem Mal wurde auch das Kino Broadway jenseits des Ku'damms interessant, aber es waren trotzdem nicht Herzog und Wenders, die mich in die Offkinos lockten. Ich litt schon tausend Tode, wenn unsere Klasse ins Schiller-Theater einmarschieren musste, um »Emilia Galotti« vor Augen in den harten Sesseln zu verdorren. Hochkultur schreckte mich. Da liefen zu viele Probleme ab, das deuteten schon die Fotos in den Schaukästen an. Keine Farbe, nur fremdes Leid in den Mienen. Hinreichend ichzentriert hatte ich auch am Rest der Stadt null Interesse. Berlin war lediglich das Stadion, in dem das Spiel meines Lebens ab sofort stattfinden würde, und ich kannte die Regeln noch nicht. Also volle Konzentration auf den Anstoßpunkt, das, was vor der Nase lag. Ich wartete auf den Anpfiff. In Berlin würde es richtig losgehen. Sport frei! Mein

Leben. »Youwsa, youwsa, youwsa!« (Frank Zappa: »Dancing Fool«, 1979).

Mittlerweile hat sich die Aufregung nach dem Anpfiff doch deutlich gelegt. Kein Gefühl schafft es, siebenunddreißig Jahre zu überdauern. Ich bin in der zweiten Spielhälfte angelangt und immer noch kein Berliner. Auch nicht aus lauter Ehrfurcht, wenn ich fünfzig Jahre nach John F. am Schöneberger Rathaus vorbeifahre. Der Satz: »Ich bin hier geboren! Ich bin echt!« wird von den »indigenen« Berlinern gerne gehört, vorgebliche Zugehörigkeit wird nicht toleriert, Zugezogene werden immer als solche entlarvt. Als ob das Beharrungsvermögen, mit dem man es an einem Ort aushält, auch gleichzeitig Zeugnis von der Durchdringungstiefe ablegt, mit der wir das Areal erkundet haben. Manchmal bleibt man eben nur aus Sturheit. Oder Faulheit. Oder wider besseres Wissen. Manchmal fühlt man sich auch einfach nur wohl. Es sind unsichtbare Taue, Verbindungen, die einen halten. Und so verrinnt ein Leben, ohne dass wir uns selbst Rechenschaft ablegen über die Ursachen und Wirkungen, die wir gesetzt bzw. gezeitigt haben. Schicksal ist ein bequemer Begriff, der auf unberechenbare Faktoren wie Glück oder Unglück setzt. Und entsprechendes Bangen, Hoffen, Verlangen.

Als der be.bra verlag mich fragte, ob ich für die Reihe »Berliner Orte« ein Buch über *mein Berlin* schreiben wolle, war ich zunächst einmal dankbar, dass ich nicht wieder durch aufdringliches Nachhaken daran erinnert wurde, aus einer Stadt zu kommen, in der das U-Bahnverbindungsstück mit Bochum der größte Aufreger der 1970er Jahre war. Ich bin nun also ein offiziell anerkannter Kryptoberliner. Ich akzeptierte stillschweigend, durch mein unaufhörlich vernehmliches Auftreten im Öffentlich Rechtlichen Hörfunk des SFB, ORB und RBB ein luftiger Teil des hiesigen Inventars, wenngleich nicht *made in Berlin* zu sein. Ich fragte zunächst, worüber die anderen Autoren so schrieben. Wedding. Friedrichshagen. Prenzlauer Berg. Nichts, was mich betrifft. Ob ich denn schon eine Idee hätte? »Na klar!«, polterte ich los. »Die Achse zwischen Rathaus Steglitz und Kleistpark!« Als ob ich ein Berliner wäre, der sich überall auskennt. Entsprechend ertönte ein wissendes »hm, hm« am anderen Ende der Leitung und dann: »Prima! Haben wir noch nicht!« Ich war begeistert. Etwas voreilig, wie mir kurz darauf auffiel. Ich saß zu Hause vor dem Rechner und fragte mich: Was habe ich eigentlich mit dieser Achse zu schaffen? Warum fällt mir ausgerechnet dieser Abschnitt ein, wenn man mich nach meiner Herzkammer in der Bundeshauptstadt fragt? Was soll an diesen gut fünf schnurgeraden Kilometern schon besonders sein? Was hatte meine blinde Begeisterung geweckt?

Ein blinkender Cursor in der Textverarbeitungssoftware verlangt an diesem Abend nach Antworten. Zäh ringe ich um eine Begründung für meine Entscheidung, die mich ebenso automatisch wie lauthals das Thema hat wählen lassen. Anfangs fällt mir nicht allzu viel ein: Das Büro für Besuchsangelegenheiten der DDR im Forum Steglitz war lange Zeit eine wichtige Anlaufstelle für mich. Hier bekam man für fünfundzwanzig Mark einen Zettel in die Hand gedrückt, der einen en passant über den neuesten Stand der Altpapierherstellung »drüben« informierte. Aber ohne Zettel keine Völkerfreundschaft. Mitte der Achtziger besuchten wir oft Matthias, den wir auf einer Party in Budapest kennengelernt hatten. Freunde versuchten, den bundesdeutschen Numerus Clausus in Medizin zu umschiffen, indem sie an der dortigen Semmelweis-Uni in Budapest bis zum Physikum studierten, um es dann in Westdeutschland als Quereinsteiger erneut zu versuchen. Und bis zum Morgengrauen feierten. Dadurch wurde auch ihr ruckeliges Ungarisch flüssiger. Wir stießen schon Jahre vor allen anderen auf die Einheit an, mussten dafür aber bis nach Ungarn gondeln oder eben fünfundzwanzig Mark Eintritt in die Sozialismusversuchsanlage berappen. Wahre Freunde hält nix auf. Regelmäßig krochen wir daher auf allen Vieren kurz vor Mitternacht über die Grenze im Tränenpalast. Es erforderte einiges an Opferbereitschaft, binnen eines Tages für fünfundzwanzig Mark Bier zu trinken. Mit einem letzten Rest von ideologischer Gehirnverbrämung sahen wir danach zum Abschied die Grenzer durch den Schleier des Wohlwollens an und bedankten uns, dass sie so tüchtig auf unsere Freunde aufpassten. Ich liebte Ostberlin: den Geruch der Zweitaktmotoren, das Abenteuerlandgrau mit den wuseligen Rennpappen (Trabanten und Wartburgs) und die vielen Einkaufsbeutel drüben. Die überschaubare Einfachheit, die verhieß, dass man auch mit weniger gut auskommen konnte. Meine Betriebsblindheit für das Perfide und Unmenschliche des Regimes bot einer unkritischen Begeisterung für vermeintlich Exotisches Platz. Eis und Schrippen seien »drüben« leckerer, die Menschen erfindungsreicher. Es geht doch auch ohne diesen ganzen Popanz und Überfluss!, dachte ich vereinfachend mit dem Blick auf ein cremefarbenes, postkartengroßes Papier mit grünen Streifen, das ich während der Wartezeit im »Büro für Besuchsangelegenheiten« in meinen Händen hielt, die Beurkundung der technologischen Unterlegenheit des sozialistischen Nachbarlandes. Ein Billet, für das ich oft über eine Stunde im Forum Steglitz anstehen musste. Aber als Tor zur DDR taugte das Einkaufszentrum dennoch kaum. Das war keine passende Anlaufstelle für mein Buch. Geschichtsklitterung hin, persönliche Erfahrungen her.

Auch die Goerz-Höfe in der Rheinstraße liegen an diesem Abschnitt der Bundesstraße 1, zu dem ich mit vorschneller

Impulskraft vordringen wollte. Ein Industriedenkmal, in dem mein Berufsbundesgenosse und Freund Robert Skuppin mit mir die erste Firma gründete. Ganz in der Nähe des U-Bahnhofes Rathaus Steglitz ging meine erste große Liebe zur Schule, im Fichtenberg-Gymnasium. Um die Ecke waren wir oft im Popp Inn tanzen. In Zeiten von Radio Einhundert war die Potsdamer Straße mal meine Ausgehmeile. Im danebengelegenen Café Strada habe ich stundenlang Wortgefechte ausgetragen, von denen mir nur noch eins in Erinnerung ist: das Gespräch mit S.R., die mir glaubhaft versicherte, dass ich den Unterschied zwischen Gefühlen, Gedanken und Haltung nicht kennen würde. Und deshalb so viel Blödsinn machte. Rückblickend betrachtet eine sehr zutreffende Diagnose. Noch weiter gen Potsdamer Platz lag der heute umraunte Veranstaltungsort Quartier Latin. Einer von den vielen Orten, die von denen, die ihre Zeit dort verplemperten, zur Saga erklärt wurden. Weitere Beispiele gefällig? Das Trash, das Bowie, das Linientreu, das Ballhaus Spandau, die Dachluke, das Superfly, das Sugar. Alle legendär, oder? Da war ich auch überall gewesen. (Ich hasse die hiesige Verwendung des Plusquamperfektes. Ich versuche aber, mich durch häufige Verwendung daran zu gewöhnen, und frage mich mittlerweile, ob die anderen Stulleberliner das aus demselben Grund machen.) Aber das reicht ja nicht als Stoffsammlung. Schon gar nicht für ein ganzes Buch. Die Erinnerung an ein Underworld-Konzert 1988 im Quartier Latin, auf dem maximal zwanzig Leute waren, die einen betrunkenen Karl Hyde für die Neuartigkeit seiner Rock-Elektronik-Fusion bewunderten, füllt nicht mal eine halbe Seite, auch wenn die Elektrofummler 2012 die musikalische Leitung der Eröffnungszeremonie bei den Olympischen Spielen hatten. Und wer will schon wissen, dass ich sie als einer der Ersten gut fand? Nicht einmal mich interessiert das noch.

Ich bin besorgt: Erst die Klappe aufreißen und dann nichts liefern können. Eigentlich ja typisch Berlin (Flughafen, Stadtschloss, Hertha, Bundespolitik). Aber ich bin ja gar kein Berliner. Also die Grundsatzfrage: Trägt meine Geschichte über mehr als hundert Seiten? Oder habe ich die Zusage – wieder mal – zu voreilig gegeben? Während ich im Netz spät abends Steglitzer und Schöneberger Stadtpläne wälze, spielt mein Rechner automatisch Titel aus meiner Musikbibliothek ab, und es naht Beistand in Form eines Mannes, dessen Name in meinem Freundeskreis selten gepriesen wird: Phil Collins. Als das Schlagzeug bei »In the Air tonight« einsetzt, fällt mir plötzlich ein, wann und wo ich dieses Lied zum ersten Mal hingerissen gehört habe, ohne mich selbst für das Pathos zu verachten. Mit einem Mal kommt alles wieder. Ok, der Sauvignon ist auch hilfreich. Total Recall. Eine Topografie der Gefühle in ausgedehnter Sentimentalität. Der Thesaurus meiner Vergangenheit. Eine Landkarte voller Höhen und Tiefen. Das kleine Drama des eigenen Lebens, an dem jeder so hängt. Eine Party in der Holsteinischen Straße bei Becks-Bier und Schwarzlicht. Stephie und ich tanzen Blues zu Phil Collins. Es ist so lüstern und warm, dass ich sofort den Wunsch hege, es möge immer so bleiben. Blieb es nicht. Die weißen Höschen der Frauen leuchten unter den Batikröcken. Mein kleines Lustspiel. Nichts Hollywood-Reifes, aber trotzdem. Der Anfang der eigenen Erfolgsgeschichte, die einem so sehr ans Herz wächst. Vom Rathaus Steglitz bis zum Kleistpark – und manchmal auch darüber hinaus –, das war meine erste Trainingsstrecke, meine Startbahn in das Leben der Gegenwart. Auch wenn ich jetzt wieder in Charlottenburg gelandet bin, habe ich viele Anläufe auf diesem Teilstück der ehemaligen Reichsstraße von Aachen bis Königsberg, eine uralte Post- und Handelsstrecke, genommen. Sie ist auch eine der Hauptstraßen meines Lebens. Ich habe niemanden getötet, aber einer ist hier auf brutale Art gestorben. Ich habe nicht betrogen, doch viel Beschämung ausgelöst und erlitten. Ich habe nichts Weltbewegendes geschaffen, aber in den Gebäuden entlang der Bundesstraße 1 intensiv von Großem geträumt und zum ersten Mal geahnt, dass da etwas ist, das weit über den herkömmlichen Begriff von Liebe hinaus geht. Weil nichts fehlte, alle ihre Liebe – auch mir – bezeugten, die Welt ohne mein Zutun mit sich im Reinen zu sein schien und es mir doch nicht genug war. Nie. Die Begierde, von allem immer noch mehr haben zu wollen, war ebenso präsent wie das Bewusstsein, dass ich Mäßigung würde lernen müssen. Gas und Bremse gleichzeitig treten, und dann nach Gummi stinkend die Strecke entlang. Voller Hoffnung, jemanden oder etwas zu finden, dass Transzendenz nicht nur verspricht, sondern auch einlöst. Es sind Erinnerungen an Orte wie Perlen auf einer langen Schnur. Oft ist viel Platz dazwischen. Es ist keine schöne Kette voller prächtiger Süßwassermuscheleinschlüsse. Eher ein spärliches Gehänge. Viel Schnur, wenig Perlen. Schloßstraße, Rheinstraße, Hauptstraße, Potsdamer Straße. Zwei Fahrbahnspuren in jede Richtung. Links und rechts in wachsender Zahl Geschäfte und Einkaufspassagen. Und dazwischen Verkehr. Viele Ampeln. Wie überall, und doch ganz anders. Ich nehme mir vor, mindestens bis zum Kleistpark vorzustoßen, und werde es doch nicht schaffen. Mist, der Titel steht aber schon.

In voll synthetischer und atmungsaktiver Montur schwinge ich mich am 1. Mai mittags aufs Fahrrad. Es ist das erste Mal, dass ich mich aufmache, um die Strecke nur um ihrer selbst Willen in Augenschein zu nehmen. Sonst geschieht das immer nur im Vorbeifahren. Eine kleine Runde vorab kreuz und quer durch die Stadt, dreißig Kilometer, um warm zu werden. Die Knospen über mir machen noch nichts her. Ich will den ganzen

Straßenzug mit dem Velothon-Feeling betrachten: Weite. Alles mit neuen Augen sehen, ein rasender Flaneur sein. Die Straßen sind verhältnismäßig leer, weil die Geschäfte geschlossen sind. Die breite Radspur ab Rathaus Steglitz erzeugt ein Gefühl großer Sicherheit. Ich bin Herr der Straße. Auf dem Trottoir nur Menschen, die enttäuscht aussehen, vielleicht weil man heute nichts kaufen kann. Kurz hinter dem Bierpinsel steht ein Maler mit seiner Staffelei auf der Mittelinsel. Soweit ich das beim Vorbeirauschen sehen kann, tupft er Sechziger-Jahre-Gebäude in einer Mischung aus impressionistischem und kubistischem Stil auf die Leinwand. Vielleicht vierzig mal siebzig Zentimeter in vielen Cremefarben, Rosa und Himmelblau. Meine erste Geschichte!, denke ich und wende. Wer malt schon freiwillig diesen – in meinen Augen architektonisch völlig belanglosen – Ausschnitt der Welt? Der Künstler würdigt mich keines Blickes und hat auch nicht viele Worte übrig. Er arbeite, sagt er, als ich ihn frage, ob ich ihn etwas fragen könne. Normalerweise ein Trick, der die Neugier weckt. Erst fragen, ob man etwas fragen darf. Dann sagen sie alle ja. Nicht der Künstler. Wenn er Interesse habe, mit mir zu sprechen, werde er sich melden, sagt er. Ich möge meine Visitenkarte auf die Staffelei legen. Ich frage nicht mal, warum er das hier malt. Mein Stolz ist größer als die Neugier. Ich beschließe, dass sein Bild totaler Mist ist, Grütze, Müll, und fahre nach Hause. Der Potsdamer Platz kann warten. Ich male jetzt erst mal mein eigenes Porträt. Und erzähle dann denen davon, die es wissen wollen.

Abfahrt: Walther-Schreiber-Platz

Geografisch müsste ich am Kreisel beginnen. Ein Gebäude, das mir immer Angst gemacht oder wenigstens mulmige Gedanken bereitet hat. Spätestens nachdem ich »Die grüne Wolke« von A. S. Neill gelesen hatte, waren für mich Natur und wenige Menschen das wahre Gute. In dem Jugendroman rafft eine geheimnisvolle grüne Wolke die Menschheit hinweg, nur Passagiere eines Luftschiffes überleben, machen sich nach der Landung aber selber systematisch den Garaus. Still und starr ruhten vor meinen Leseraugen Wiesen, Felder und Auen, leuchtendes Ährengold. Ballungszentren verkörperten seitdem für mich das Böse, Hochhäuser die Heimstätte eines sinistren Zerstörungsgeistes. Der Kreisel wirkte immer bedrohlich. Ich verstand nicht, wie Menschen auf Bauten wie diesen stolz sein konnten. Überhaupt suchte ich vergeblich nach dem Gefühl von Behagen inmitten von Häuserschluchten.

Mir war das alles zu eng und ich sehnte mich nach Weite und Unberührtheit. Ich fand sie im Weltall. Und im Kosmos. Dem Universum. Im möglichst weit entfernten Raum. Was das Outer Rim für Luke Skywalker, war mir der Walther-Schreiber-Platz. Er lag jenseits meiner Charlottenburger Welt: Gallia TRANSalpina. Man hatte davon gehört, aber nur entfernt. Anfangs abseitiges Territorium, mit herkömmlichen Verkehrsmitteln kaum zu erreichen; für Fußgänger Galaxien entfernt. Ein exotisches Vakuum ohne eigene Duftmarken. Die BVG hatte dennoch gute Vorarbeit geleistet: Am 29. Januar 1971 hielt die U9 erstmals am Walther-Schreiber-Platz; drei Jahre später ratterten die Züge dann sogar bis zum Rathaus Steglitz durch. Die Tür zum Neuland war geöffnet, die zu durchtreten das für einen Herner Jungen unfassbar abenteuerliche Umsteigen von der U7 in die U9 erforderte. Gut zehn Minuten zu Fuß von Hertie entfernt wohnte Michael. Auch kein Berliner, sondern aus Kaiserslautern.

Nur die ersten Wochen seines Aufenthaltes in Berlin lebte er in Charlottenburg; danach zog er in die Kreuznacher Straße – noch einmal binnen weniger Monate die Schule wechseln, kam aber für ihn nicht in Frage. Zu viele Abschiede. An einem kalten Oktobertag des Schulhalbjahres 1977/78 stand der Neuzugang vor einundzwanzig Schülern ohne jeden Migrationshintergrund. Er fühlte sich sichtlich unwohl. Ich verstand sofort, was sein eigentliches Problem war, denn ich hatte das gleiche: Seine Mutter legte ihm morgens die Klamotten raus. An diesem wie an vielen weiteren Tagen hatte sie sich für eine zitronengelbe Winterjacke am Ende der Wäschestraße entschieden und einen gestreiften Synthetik-Pullover. Ob er – wie ich – die Hosen der Beschämten trug, weiß ich nicht mehr. Aus Asselfasern seien diese Buchsen, wie die Spötter sagten, die stolz ihre Wrangler zur Schau trugen. An unseren Hintern prangte allzu oft das Signet der Unwürdigen: Palomino von C&A. Jeans, so wussten wir, mussten aus Stegshops kommen. Dort wurden sie neben gebrauchten US-amerikanischen und Bundeswehr-Ausrüstungsgegenständen verkauft. Zuständig für den Ankauf von Parkas und Rucksäcken aus Armeebeständen sowie den Weiterverkauf im Einzelhandel war im Nachkriegsdeutschland bis 1952 die *Staatliche Erfassungs-Gesellschaft für öffentliches Gut* (StEG.). Der Name Steg hielt sich, genauso wie das kratzige, leicht lausige Gefühl in den oft muffigen Läden. (Später wird Michael anmerken, dass unsere Leiden als Fashion Victims nur meine Projektion gewesen seien, da er so ein Modebewusstsein damals gar nicht gehabt habe.)

Im folgenden Vierteljahr gelang Michael das Meisterstück, in allen Fächern Klassenbester zu werden, ohne ein einziges Mal eine geklatscht zu bekommen. Wir, die auf die Ränge Verwiesenen, achteten Michael, obwohl wir vom Bildungsgefälle zwischen Rheinland-Pfalz und Berlin noch nie ein Wort gehört hat-

1977 von mir entdecktes Wurmloch in der Galaxia Steglica

ten, obwohl es auch ohne PISA damals schon hieß: das Berliner Abitur ist wie ein Realschulabschluss in Bayern. Da muss wohl was dran gewesen sein, denn ich wusste nicht, dass Kaiserslautern in Rheinland-Pfalz liegt.

Was Michael tat, wurde eigentlich immer SEHR GUT. Er war aber klug genug, wenigstens in Sport nur befriedigende Ergebnisse abzuliefern. Er konnte außerdem knollnasige Männchen zeichnen wie Seyfried, er orgelte das halbe Werk von Whitesnake und alles von Deep Purple auswendig auf seinem E-Piano runter. Während ich mich – von Star Wars inspiriert – vor allem in ferne Galaxien träumte, war er schon auf dem Planeten der Belletristen gelandet. Ihm verdanke ich die überaus erfreuliche Lektüre von Günter Kunerts »Im Namen der Hüte« als literarischen Erstling: Ein Junge in der Nachkriegszeit sucht nach dem Mörder seines jüdischen Vaters vermittels einer beneidenswerten Fähigkeit: Er kann die Gedanken anderer Menschen lesen, sobald er ihre Hüte trägt. Das wollte ich auch.

Michael initiierte eine neue Schülerzeitung an unserer Schule und so gondelten wir Mitredakteure beständig zum Walther-Schreiber-Platz, wo er wohnte. Anfangs nur zu Redaktionskonferenzen, später auch ins metallische Forum Steglitz, um während atemberaubender Rolltreppenfahrten hoch und runter davon zu träumen, dass das Kaufen – später Shopping genannt – uns eines Tages glücklich machen würde. Ich wünschte mir, die Glastüren könnten sich mit dem gleichen Geräusch öffnen wie die Tür zur Brücke der Enterprise. »Chhiack … Chhiack.« Begierde ist eine starke Kraft. Vielleicht die stärkste.

In unserer Fünf-Mann-Redaktion war ich für den Blödsinn zuständig. Meine Artikel kreisten um Pillepalle. Die grassierende Spielsucht mit den neu auftauchenden Fanta-Jo-Jos beispielsweise karikierte ich mit einer peinlichen Bastelanleitung: »Wie man aus Joghurtbechern ein Jo-Jo baut«. Michael hingegen beschäftigte sich mit der 1978 ins Leben gerufenen »taz« und lobte die dadurch entstehende Erweiterung des politischen Spektrums der vierten Gewalt. Am Rande dieser Diskussionsrunden auf dem Teppich erklärte er uns dann auch noch Physik, Chemie und Mathe. Umso erstaunter waren wir alle, dass er nach dem Abitur nicht den naturwissenschaftlichen Weg einschlug. Für uns war er ein Forscher, der vor Messgeräte gehörte. Unter anderem, damit wir uns im Lichte seines zu erwartenden Nobelpreises würden sonnen können. Aber dann das: Erst ein Germanistik- und Philosophiestudium, dann Theaterseminare und schließlich wurde er Stadtführer. Er habe nicht in der Welt der Graphen, Formeln und Zahlen leben wollen, begründet er seinen

Entschluss, als wir im Mietergarten eines Pankower Gründerzeithauses Tee trinken. Wir haben Mai, in diesem Jahr ein echter Wonnemonat. Eine Amsel hüpft um uns herum und zerrt einen Wurm aus dem Boden. Der Kollege ist zäh und die Sache zieht sich. Schönes Sinnbild! Muss ich im Text auftauchen lassen!, denke ich, während ich ihn zu seiner Arbeit befrage.

Michael arbeitet gerade an einer Dokumentation über die Reichsforschungssiedlung in Haselhorst, die größte der Weimarer Republik. Später zeigt er mir die Brutstätte, wo sich seine Ideen einnisten: seinen Schreibtisch. Er steht in einem von zwei Zimmern mit jeweils zwei Regalreihen voller Stadtgeschichte. Ein alter Bebauungsplan ist an eine Paketschnur geklammert, die vor teils vergilbten Büchern mit trockenen Titeln baumelt.

Am Ende unseres Treffens habe ich seine Arbeitsweise verstanden. Er erschließt sich Menschen über ihre Umgebung. Was haben sie bezweckt, gewollt, was gesehen? In einem Text über das literarische Wirken von namhaften Frauen in Friedenau zitiert er Elly Heuss, die Gattin des ehemaligen Bundespräsidenten: »Ich lebe so still und häuslich, genieße das grüngoldene Sonnenlicht, das die hohen Bäume vor unseren Fenstern schenken, und merke nichts von Berlin.« Zeitloses Behagen macht sich breit. Fast neunzig Jahre ist der Text alt. Die Ähnlichkeit der Wahrnehmung damals wie heute wirkt auf mich beruhigend. Noch beruhigender: dass ich nicht endlose Seiten wälzen muss, um ein passendes Zitat zu finden. Ein Wahnsinnsaufwand. Bis heute hat Michael Bienert über zwanzig Bücher und zahllose Artikel verfasst. Er nutzt die Projektionsfläche der Außenwelt, um das Innere der Menschen dezent zu erkunden. Deshalb immer die literarischen Texte Dritter, die Erleben und Erzählen vor dem Hintergrund historischer Kontexte verbinden. »Du hast hier ein paar Millionen Leute, viele Neuberliner, die ständig eine

Orientierungs- und Beheimatungsleistung vollbringen müssen«, sagt Michael Bienert. Im Sandkasten nebenan beaufsichtigen drei Mütter vier Kinder. In dreißig Jahren werden die Zwerge bestimmt Sehnsucht nach diesem Idyll haben.

Gelungene Strecken des eigenen Lebenswegs sind immer attraktiv. Menschen ertragen Leere schlecht; bedeutungsfreie Räume sind ihnen zuwider. Deutschlands größte Metropole ist voll von Histörchen, Anekdoten, Bonmots, historischen und literarischen Bezügen, geschichtsträchtigen Bauten, verschlungenen Pfaden und prächtigen Alleen. Wäre es weniger Arbeit, würde es wohl seine Intelligenz beleidigen. »Letztlich geht es um Wahrnehmungsschulung. Ich bin nicht einfach nur Stadtbilderklärer, ich schaffe das Stadtbild auch neu.« Es klingt nicht nach Albert Speer, sondern eher nach einem Zen-Meister, der von den Bildern im Spiegel des Bewusstseins spricht. Und ihrem Zauber immer wieder erliegt. In diesem Moment ist es dann vorbei mit dem Zen. No more Zen then. Im Zen müsste er die Vergänglichkeit und letztendliche Substanzlosigkeit – die Leerheit der Phänomene – untersuchen; erkennen, dass es nichts an sich gibt.

Was sein Meisterstück sei, frage ich. Er denkt nach. »Dass niemand mehr bestreitet, dass Joseph Roth in den zwanziger Jahren einer der wichtigsten Berliner Autoren gewesen ist, das freut mich riesig.« Vor fünfzehn Jahren hat Michael aus den verstreuten Feuilletons des heiligen Trinkers, aus Berlin-Fotos und eigenen Kommentaren ein neues Buch komponiert – es wurde ein Bestseller. Wieder bewundere ich seine Akribie. Anders als früher neidfrei. Ich weiß nach diesen zwei Stunden, was ich mit meinem Buch nicht leisten kann, denn historisch, literarisch habe ich nichts Neues beizutragen. Es ist wie damals in dem roten Klinkerhaus in der Kreuznacher, in dem Michael mit seinen Eltern wohnte. Er macht die ernsten Themen, ich ziehe

Kryptofuturistische Keimzelle für Shop-in-Shop-Shoppen: seit 1970 Martplatz-ersatz

der Berolina ein Tutu an, weil mich das Reale schnell langweilt und das Mögliche stets mehr reizt. Ich bin nicht an Bauherren und Grundsteinlegungen interessiert. Sollte ich das? Ich schaue auf Biografien. »Beheimatungsleistung.« Die Fahrt von Pankow nach Charlottenburg ist elend lang. Ich komme durch Straßen, in denen ich noch nie war. »Beheimatungsleistung!« Allein schon für dieses Wort hat sich der Besuch in Pankow gelohnt.

Die Eroberung des geistigen Terrains Walther-Schreiber-Platz nimmt dann noch einen ganzen Tag Internet- und Papiergewühl in Anspruch. Die Amsel hat es gut! Ihr Wurm ward dem Erdreich flinker entwunden. Am Ende steht die nüchterne Einsicht, dass der Platz, der heute »das Entree zu einer der prominentesten Einkaufsmeilen Berlins« (Immobilienwerbesprech) bildet, den passenden Namen abbekommen hat. Schließlich amtierte Walther Schreiber von 1925 an sieben Jahre lang als preußischer Handelsminister. Nach dem Zweiten Weltkrieg war er einer der Mitbegründer der Berliner CDU und wurde Nachfolger des sozialdemokratischen Regierenden Bürgermeisters Ernst Reuter, der am 27. September 1953 unerwartet verstarb. Die damalige Koalition aus SPD, CDU und FDP zerbrach, Schreiber wurde für fünfzehn Monate Reuters Nachfolger. Nach den Abgeordnetenhauswahlen vom 3. Dezember 1954 stellte die SPD mit Otto Suhr wieder den Regierenden. Schreiber, so schildert es der Senat heute, hatte Zeit seines Amtes vor allem mit der Eingliederung Berlins in das finanzielle und ökonomische Gefüge der Bundesrepublik zu tun. Auch die Rechtsangleichung mit dem Bundesgebiet und die Ausweitung der Bundeshilfe auf die Stadt fielen in seinen Aufgabenbereich. Die Idee einer Berlin-Prämie für Arbeitnehmer als Ausgleich für die höheren Lebenshaltungs- und Reisekosten im westlichen Herzen des Ost-Sektors aber kam erst nach dem Mauerbau auf. Zu Schreibers Zeiten gab es diese sogenannte Zitterprämie noch nicht, also acht Prozent mehr Lohn für das ängstliche Verharren im Westberliner Kaninchenbau, während draußen vor den Toren der Stadt der Rotfuchs die Zähne fletschte.

Anfänglich hieß das Straßengeflecht noch Rheineck. Als man die Kreuzung Bundesallee, Rheinstraße, Schloßstraße im Juli 1958 nur wenige Wochen nach Schreibers Tod nach ihm benannte, hatte der Wirtschaftswundergeist schon seine seligmachende Wirkung entfaltet. Steglitz war auf dem Vormarsch – und Westberlin suchte eine eigene Identität. Schrittmacher wurde dabei u.a. ein Kaufhaus. Am 19. Juli 1952 berichtete der »Westberliner Telegraf« (eine sozialdemokratische Postille, die bis 1972 vor sich hindümpelte und dann eingestellt wurde) von der

Eröffnung des Kaufhauses Wertheim in der Schloßstraße: »Man wollte nicht nur dabei gewesen sein, es wurde auch gekauft – bei zum Teil erstaunlich niedrigen Preisen. Sechs 50-DM-Scheine lagen bereits nach einer Stunde in einer Kasse der Wäscheabteilung.« Spielwaren und Kleider verkauften sich ausgezeichnet. Bücher gingen gar nicht, berichtete das Blatt. Dabei ist es geblieben: Konkurrenzfähige Kaufkraftkonzentration ist das Kalkül des politischen Willens vor Ort und auch höchstes Ziel der zahllosen Wiedergänger, die diesen Platz heimsuchen, um ihrer ersten und wie es oft scheint auch einzigen staatsbürgerlichen Pflicht nachzukommen: Konsum. Eher eine Anlaufstelle für Mid-Season-Sales als ein echter Platz. Ein Unort für Reiseführer, wie Michael es nennt.

Am Ende einer Verkehrsinsel auf der Schloßstraße steht ein einsamer Lichtmast und die Beschriftung auf einem Oktagon in etwa vier Meter Höhe ist so ziemlich das Einzige, was hier von wirklichem Raum zeugt. Keine Linde, kein Brunnen, kein Café. Einzig die Bürgersteigerweiterung vor dem Forum Steglitz hat hier 2010 den Platz geschaffen, den man braucht, um nicht im Weg zu stehen. Ich vertrete mir vor dem Dönerladen an der Feuerbachstraße, Ecke Schloßstraße die Füße. Hier gibt es eines der besten Falafel, das ich kenne: Die Jungs legen immer Pickles mit ins Brot. Tagein, tagaus. Gib ihm Saures! denke ich beim Zusehen. In der obersten Etage des über vierzig Jahre alten Forums hat sich ein Sportstudio breit gemacht. Auf den Laufbändern, die in der Poleposition am Fenster stehen, hasten fettarme Männchen ins Nichts. Eine Phalanx von vier Muslima in langen Mänteln und Kopftüchern schiebt mich gesenkten Blickes beiseite. Sie schwatzen und lachen verhalten. Ein Hund schnüffelt an meinem Bein, sein Herrchen wartet auf den Bus. Es riecht nicht mehr so stark nach Abgasen wie früher. Der M85 kommt und nimmt eine Handvoll Menschen auf. Drei von ihnen tragen diese braunen Papiertüten, die zum Insignium dieses Unortes geworden sind, seit der irische Kleidungsdiscounter Primark das Schloss-Straßen-Center vor dem Untergang bewahrt. Primark. T-Shirts für zwei Euro, Hosen für acht. Gewühl auf drei Ebenen. Kaum ein Kunde älter als dreißig. Hölle. Und billig ohne Ende. Zweihundertsechzig Filialen gibt es in Europa, über die Hälfte in Großbritannien, zehn in Deutschland. Auf der Internetseite wirbt der Konzern mit seinem Engagement für Nachhaltigkeit und seiner großen Spendenbereitschaft – nachdem im April 2013 1.129 Menschen in Bangladesch in einer der Produktionsstätten starben. Die Fabrikbetreiber hatten viele tausend Arbeiter an die Nähmaschinen gezwungen, obwohl die Polizei das Gebäude tags zuvor wegen erheblicher Mängel, namentlich Rissen im Mauerwerk, gesperrt hatte. Neun wackelige Stockwerke brachen zusammen. Die Toten standen den großen Kleidungsketten wie KiK, C&A, Benetton oder eben auch Primark gar nicht gut zu Gesicht. Die niedrigen Preise schon. »Und manches hält sogar richtig lange! Wahnsinn!«, sagte eine Professorin für Marketing, mit der ich über Discounter plauderte. Ich gehe davon aus, dass sie hier namentlich nicht genannt werden möchte. Obwohl ihr Shirt schon zwei Jahre hält.

In Bezug auf hiesige Geschäfte geht mir jedwede Nostalgie ab, im Gegensatz zu dem Kiez-Forscher Wolfgang Holtz. Der meint es sehr ernst mit dieser Ecke der Welt: »Ich erinnere mich an das Seifengeschäft Losch, an ein Milch- und ein Papierwarengeschäft, eine Eisdiele und natürlich an das Thalia-Tageskino, Talja oder Flohkiste genannt, eines der acht Lichtspielhäuser zwischen Rathaus Steglitz und Rathaus Friedenau, in das die Kinder sonntags für dreißig bis sechzig Pfennige in die Jugendvorstellung gingen und in dem in der ersten Nachkriegszeit oft genug der Film abrupt mit dem Beginn einer plötzlichen Stromsperre endete.« Mir wird ganz warm ums Herz. Ich denke an die Lichtburg in der Herner Bahnhofstraße und an die ersten fünfzig Pfennige Taschengeld, die ich für den Sonntagsfilm um elf Uhr ausgab: »Godzilla«. Es geht um eine apokalyptische, dem Trauma Hiroshima entsprungene Echse mit atomar verseuchtem Atem. Da half kein Odol, sondern nur noch der »Oxygen-Zerstörer«, der einfach allen Sauerstoff am Einsatzort absog und von den Erstickungsopfern nur Knochen übrig ließ. So kann's gehen, wenn sich Monster in die Zivilisation vorwagen. Beheimatungsleistung. Eindrücke wachsen eben auf dem Boden der eigenen Lebensgeschichte. Jeder treibt andere Blüten. Man sieht nicht die Wirklichkeit, sondern nur das eigene Bild, das man sich von ihr macht. Für mich war der Walther-Schreiber-Platz eine verheißungsvolle Anlaufstelle. Das Tor zu einem Leben, das nochmals größer zu werden versprach, als Charlottenburg und Herne es jemals sein würden. Futur pur durch das in Glas und Metall gehaltene Forum Steglitz. (Aus heutiger Perspektive muss ich allerdings anmerken, dass Herne mittlerweile wieder Avantgarde ist: Es zeigt, wohin die Reise auf Einkaufsstraßen geht. Die einst prächtige, heute denkmalgeschützte Karstadt-Filiale im Herzen der Fußgängerzone musste 2009 geschlossen werden. In den schmalrippigen, am Haupteingang bauchigen Gebäudekorpus dringt demnächst ein Eros Center ein. Und zwar für IHN und SIE! Da konnte der vom Gendergedanken begeisterte Bürgermeister einfach nicht widerstehen und genehmigte den Verkauf.)

Auf dem Weg nach Hause lese ich die hundertzweite Ausgabe der Stadtteilzeitung für Friedenau, Schöneberg und Steglitz. Eine Autorin beschreibt dort die Verdrängung des Einzelhandels und die unwirkliche Dichte an Shoppingcentern. Sie stellt fest, dass kein deutscher Konzern mehr vor Ort im Rennen ist. Mir ist das in dem Moment egal. Ich bin gerade mal wieder begeistert von der Berliner U-Bahn. Gedränge, Enge und Mief in New York, London und Paris haben mich zu einem Fan gemacht. Am U-Bahnhof Berliner Straße steht der Zug in die Gegenrichtung. Ich blicke auf, so wie man es unwillkürlich an jeder Station tut. Immer noch dieselben weißen Kacheln, denke ich. Das hält ja doch schon 'ne Weile! Nur sind es viel mehr Schilder geworden. Auch die Kioske sind neu, genau wie die Notrufsäulen. Und die hässlichen Wurmmuster auf den Sitzen, die den krickelnden Vandalen dieser Welt den Spaß verderben sollen. Irgendwie ist alles anders. Und irgendwie doch immer gleich. Empfinden darf man das so, nur sagen nicht. Dann klingt es dumm. Im Zug am gegenüberliegenden Bahnsteig schließen sich die Türen. Wie immer, wenn die Wahrnehmung sehr präzise ist, verlangsamt sich die Zeit. Ich meine mit einem Mal, einen fünfzehnjährigen Jungen in gelbem T-Shirt und seiner ersten Wrangler zu sehen. Sein Mittelscheitel ist wellig. Er blickt aus dem Fenster. Sein Blick ist ebenso hungrig wie wild, der Mund steht leicht auf. Begeistert von der Fülle an Neuem, das sich ihm bieten wird. Es ist Nachmittag. Er hatte Schule. Es gab Bohnensuppe zum Mittagessen, die er nicht mag, weil er davon nicht satt wird. Er ist auf dem Weg zu einer Redaktionskonferenz für eine Zeitung, die kaum mehr als hundert Menschen lesen werden. Er heißt Volker und für ihn ist es das erste Mal, dass er in einer großen Stadt unter Tage die U-Bahnlinie wechselt. Von der U7 in die U9. Ich wünsche ihm, dass in ihm das Vertrauen wächst, dass sein Leben gelingen kann. Er braucht das. Es fehlt ihm. Und dass er sich schnell den Blick erarbeitet, alle Menschen so anzusehen, wie ich ihn jetzt sehe. Liebevoll. Mitfühlend. Wissender. Und ich glaube, ich würde ihn sogar noch mögen, wenn ich wüsste, dass er jetzt auf dem Weg zu Primark ist.

Im Kreisverkehr: Steglitzer Kreisel, Ecke Hermann-Ehlers-Platz

Sooft man die Routenplaner auch bemüht: Der kürzeste Weg mit dem Fahrrad von Potsdam zum Potsdamer Platz ist nun mal der über die Berliner Straße. Immer schnurgeradeaus. Das wussten auch schon die Bomberpiloten der Amerikaner auf ihrem Luftweg in die Berliner Innenstadt. Die B1 war ihre Einflugschneise. Eine bessere Achse zur Orientierung hatte nur noch Luke Skywalker beim Angriff auf den Todesstern. Es ist nicht möglich, auf einem Fahrrad siebenundzwanzig Sachen zu fahren und sich gleichzeitig vorzustellen, was viertausend Tonnen Bomben anrichteten, die vor siebzig Jahren denselben Weg nahmen. Ich folge der Spur der Bomber!, hämmert es in meinem Kopf und ich überlege, ob der Angst vor dem Angriff immer ein Gefühl der Ohnmacht folgt. Und was es braucht, um wirklich zu verstehen, was gewesen ist. Zeit und Empathie. Beides Mangelware. Ich halte eigens an, um mir eine klarere Vorstellung davon zu machen, welche Spur die Flieger in der Reichshauptstadt hinterließen. Ich muss nicht lange suchen. Es ist alles online zu finden, auf der Seite des Deutschen Historischen Museums im »Kollektiven Gedächtnis«.

Der Zeitzeuge Josepha von Koskull schrieb 1943: »Nach diesen ersten großen Angriffen lag über Berlin nachts ein heller roter Feuerschein und die Luft war voller Brandgeruch. Wir hatten es am Mittag so dunkel wie nach Sonnenuntergang, so dick waren die Rauchwolken. ... Am Morgen fuhr ich zum Dienst, die U-Bahn fuhr nur bis zum Fehrbelliner Platz. Von dort ein entsetzlicher Weg zwischen lauter brennenden Häusern zum Zoo hin. Überall völlig verstörte Menschen, die nur das Notwendigste gerettet hatten, teils in Schlafanzügen mit hastig umgeworfenen Mänteln. Es regnete Asche herab, die Glut war stellenweise unerträglich, die Haut des Gesichts spannte sich.« Ein Schweißtropfen fällt auf das Display meines Smartphones und ich wende mich wieder der Gegenwart zu. Den Autofahrern um mich herum fehlt es ganz offenbar zumindest an Empathie. Die wenigsten scheinen zu wissen, wie es sich anfühlt, wenn ein zwei Tonnen schweres Fahrzeug seine Impulskraft an einen Menschen auf dem Rad weitergibt. Anders kann man den fehlenden Abstand kaum erklären. Viele finden immer noch, dass Radfahrer auf der Straße nichts zu suchen haben. Also Zähne zusammenbeißen und treten, treten, treten. Starrer Blick, brennende Oberschenkel. 2012 starben fünfzehn, 2013 noch neun Radfahrer im Berliner Straßenverkehr. Ich werde hoffentlich auch dieses Jahr nicht dabei sein. Solche Gedanken habe ich noch nicht lange. Früher WUSSTE ich, dass ich nicht sterben würde.

Der holprige Radfahrweg ist meist von gemütlichen Gondolieri mit schaukelndem Gesäß besetzt, die es durch Nachahmung der Bewegungsabläufe eines Faultieres in Echtzeit schaffen, ohne Schweißtropfen auf der Stirn von A nach B zu kommen. Links abbiegende PKW aus der entgegenkommenden Richtung übersehen einen Radler leicht hinter den parkenden Autos und müssen wegen des ihnen entgegenbrausenden Metalllindwurms sehen, dass sie von der Kreuzung kommen. Ich kann nicht schätzen, wie oft ich so schon wider Willen gestoppt wurde. Also fahre ich auf der Straße. Aus Prinzip und auf die Gefahr hin, dass plötzlich eine Fahrertür aufgeht. Ich habe es natürlich ferner eilig, der schnurgeraden Ereignislosigkeit der Potsdamer Chaussee zu entkommen.

Die Wende zum Besseren ist zugleich die letzte Hürde: die Alptraumkreuzung Schloßstraße, Ecke Wolfensteindamm. Ein letztes Mal noch muss man alle Aufmerksamkeit auf den Verkehr verwenden. Hier rollt niemand bei Rot noch so ein bisschen auf die Kreuzung. Nicht mal die größten Hirnies unter den Radfahrern. Kurz vor der Autobahnzufahrt auf die Westtan-

Augenschonend mit extra viel Grüngedöns fotografiert: Kreisel nebst Schloss

gente schießt bei selbsternannten Testpiloten nämlich das Adrenalin ein. Erst in Richtung Botanischer Garten ebbt das langsam ab. (Es wird eine Weile dauern, bis alle von der Existenz des neuen Superblitzers Kenntnis genommen haben.) Entspannung tritt bei mir erst hinter dem Steglitzer Kreisel ein, auf dem neuen Radweg, der durch die Schloßstraße führt und Autofahrer zum Schneckentempo zwingt, weil es seit 2011 nur eine Spur neben dem Radweg gibt. Und zwar für alle: Bus, LKW, Autos.

Heute läuft der Verkehr regelmäßig. Alle strömen ihrem Ziel entgegen. Blind für die Umgebung. Gegenüber vom Steglitzer Kreisel liegen die Reste eines alten Friedhofs, gleich neben der Volksbank-Filiale, die im Januar 2013 über einen Tunnel spektakulär ausgeraubt wurde. Als ich dort Geld abhebe, ölt ein Hüne im Blaumann die Tür und schraubt an der Elektronik des Einlassers herum. »Na, graben wir wieder?«, frage ich ihn. Er hält inne und begutachtet mich amüsiert in meiner Fahrradmontur. »Klar. Einen Zugang haben wir ja schon gefunden! Jetzt suchen wir den andern.« Wir gackern beide und ich höre erst wieder auf zu grinsen, als ich an der alten Steglitzer Dorfaue stehe. Vor mir das Millionengrab des Steglitzer Kreisels, hinter mir der alte Friedhof der Matthäuskirche. Ein seltsamer Zweiklang.

Wo ich mich historisch befinde, habe ich vorab zusammengetragen. Steglitz: Das einst größte Dorf Preußens fand schon früh Anschluss an Berlin. 1792 bis 1794 entstand hier die erste gepflasterte Straße, um seiner Majestät Friedrich Wilhelm II. samt Pferd unterm Pöter und Herrschaften im Gefolge den Ausritt nach Potsdam zu erleichtern. Man rumpelte über Katzenkopfpflaster, was dröhnend laut gewesen sein dürfte. Aber immer noch besser, als regelmäßig im Matsch stecken zu bleiben. Steglitz war damit an das preußische Poststraßennetz angeschlossen und bekam eine eigene Mautstation! Auch ein erster Postillion erfreute die

Nostalgische Idylle: Hermann-Ehlers-Platz um 1900 (oben) und Auftakt zur Schloßstraße (um 1900)

Anrainer auf dem Kutschbock: Fritz Schulze, »Stegelitzer Bauernsohn« und »ein schmucker Kerl in seiner blauen Postillonuniform. Er fuhr ein Jahrzehnt und beförderte Reisende, Briefe und Pakete durchs Land«, schreibt der Heimatverein Steglitz noch heute stolz auf seiner Internetseite.

Vor dem Friedhof steht eine verwitterte Steinskulptur: Ein Mensch mit überlangen Armen und Beinen hängt schlaff an der oberen Kante einer Mauer wie ein Gekenterter, der zu schwach ist, sich an der Außenseite eines Rettungsbootes hochzuziehen. Seine Beine wirken seltsam nutzlos. Sein Gesicht ist in den Stein getaucht. Man weiß nicht, ob er die Mauer durchdringen will oder der Stein ihn verschluckt hat. Ich interpretiere die Skulptur vor dem Hintergrund des Friedhofs und des Banküberfalls. Entweder hat er sich entsetzt vom Leben abgewandt oder er ist beim Einbruch in die Bank gescheitert. Vielleicht kann er auch den Anblick des Kreisels nicht mehr ertragen. Er sieht nicht das sechs Etagen unter dem Dach geöffnete Fenster zur Südseite, aus dem an diesem Tag ein Abluftschlauch hängt wie ein künstlicher Darmausgang. Das Haus ist nämlich krank, vergiftet mit Asbest. Menschen leben dort keine. Ich treffe nur zwei Mitarbeiter von Siemens, die eine Alarm- und Brandschutzanlage im Erdgeschoss installieren. Keiner soll mehr in das Gebäude kommen. Nein, auch ich nicht. Und seine Augen sagen: Schon gar nicht in der Kluft, Bursche! Seit 2007 sind alle raus. Wenn ich diskutieren wolle, müsse ich mit der Bauleitung sprechen. Ich bin erstaunt darüber, wie sehr mir unter meinem Fahrradhelm der Kamm schwillt. Dabei bin ich doch erkennbar im Unrecht. Alter Reflex. Schnell weg hier auf die andere Straßenseite. Von dort rufe ich beim Bezirksamt Steglitz an und bitte um Auskunft, von wem das Denkmal mit dem Mann an der Mauer stammt. Ja genau, das vor dem alten Friedhof. Ja, das mit dem Mann, der sein

Quizfrage: Was sehen Sie in diesem Denkmal? (Auflösung im Text)

Gesicht in den Stein drückt. Ich möge bitte eine Mail schreiben. Ich schreibe eine Mail und sehe nach, wohin sie den öffentlichen Dienst verpflanzt haben, nachdem der Kreisel zur Giftfalle geworden ist: in die Kirchstraße, das ist die Postanschrift. Nur ein paar Ecken weiter.

Auf dem kleinen Markt am Hermann-Ehlers-Platz werden die Mitarbeiter des Bezirksamtes Steglitz noch immer vermisst. Vor allem dienstags und donnerstags, samstags wohl etwas weniger. »Die kamen immer in den Pausen runter. Das war schön!«, erzählt die Verkäuferin eines Standes, der Gesundheitsstrümpfe aus Bambus-Viskose anbietet. Siebenundzwanzig Jahre lang ging das so. Ich überlege, zu welchem Zweck ich mir in der Mittagspause Stützstrümpfe kaufen würde. Ist die Luft in der obersten, siebenundzwanzigsten Etage etwa so dünn, dass man Gefahr läuft, Embolien auszubilden? Hatte jede Etage ihren eigenen Fetisch? Vielleicht gab es auch siebenundzwanzig Abteilungsleiter, die pro Jahr eine Etage voller Mitarbeiter so sehr in den Wahnsinn trieben, dass die als Übersprunghandlung zwischen Mordgelüsten und Pflichterfüllung Stützstrümpfe kauften? Ich erstehe eine Portion Bratnudeln und schwatze mit einer Busfahrerin, die regelmäßig den 186er fährt. Schwierig sei nur die Umstellung: Überall sonst habe sie immer Vorfahrt auf der Busspur. Hier, zwischen Kreisel und Walther-Schreiber-Platz allerdings müsse sie immer kriechen. ÖPNV und PKW teilen sich eine Spur. Aber seit sie ihre kleine Tochter habe, sei sie um vieles geduldiger geworden. Sogar mit den Radfahrern. Ich notiere: »Geschäftsidee für Steglitz: Kinderverleih! Aushang in Prenzlberg machen.«

Eine junge Chinesin mit paillettenbesetzten Keilboots und extrem knappen Rüschenshorts zieht an mir vorbei. Man sieht ein Viertel ihres Popos. Ich gucke hin, um zu sehen, ob die Hose freiwillig mehr rausrückt. Zwei Rentnerinnen mit Rollator halten auf mich zu. Sie waren auf dem Markt einkaufen. Vor ihnen hat schon Franz Hessel gewarnt, der berühmte Flaneur, der das Berlin der späten zwanziger Jahre auf Spaziergängen erkundete. Auf seinem Weg von Schöneberg zum Botanischen Garten – stellen wir uns das Rathaus Steglitz als Hälfte des Weges vor – stieß er auf die Gattinnen von Geheimräten und Kanzleisekretären: »Diese würdigen Matronen wohnen in freundlichen, etwas unmodernen Gartenhäusern. Man sollte glauben, dass sie in ihrem traulichen Heim lieblicher werden müssten, als sie es sind. Nun, wir wollen für ihre Kinder hoffen!« Augenscheinlich war die Hoffnung trügerisch. Die Damen sind aus der Zeit gefallen. Ihre Heimat sind die Marktstände, nicht das Schloss. Was sollen sie auch bei H&M? Wenn die Matronen der Gegenwart nach Hause ziehen, kämpfen sie sich unter der Last ihres eigenen Körpers schnaufend durch. Entsprechend heiter ist ihr Gesichtsausdruck. Die Tapfersten unter ihnen verkehren im Reichelt-Edeka-Markt, gut zweihundert Meter weiter die Schloßstraße runter. Eine atemberaubend dichte Schar von cremefarbenen, lindgrünen, ockerbleichen und ärmellosen Westen mit vielen Taschen besetzt wankt hier durch die Regalreihen. Max Goldt hat einmal vermutet, dass diese Uniform dem höheren Zweck dient, stets und ständig an Kronleuchtern die Birnen wechseln zu können. Man befüllt die Weste bis zum Anschlag mit Ersatzlampen, steigt die Leiter hoch, tauscht die Birnen aus und bringt die verglommenen Leuchtkörper wieder mit nach unten. Ich persönlich glaube, diese Rentnerweste ist die Rüstung derer, die nicht mehr rüstig sind. Derer, die immer Sorge haben, dass es zu sehr zieht. Schlimmer noch: dass es – Blick gen Himmel! – »sich zuzieht«. Jener, die befürchten, sie könnten sich verkühlen. Gerade an den Nieren. Vorne Fettpolster, hinten Weste. So wirken sie immer noch patent und allzeit bereit, wertvolle Funde bei sich zu tragen. Da steckt noch Leben drin. Also mache ich den beiden Damen auf ihrem Weg zum Einkauf in Rentnerwestenbeige bereitwillig Platz. Sie merken es nicht einmal. Wenn die Kräfte schwinden, weilt der Blick nicht mehr im Außen. Sie müssen weit über siebzig sein. Sechzigjährige sind mir ähnlicher.

Vielleicht sind wir aber auch einfach alle zu tumb, um zu begreifen, dass es sich hier um unzählige Wiedergänger von Joseph Beuys handelt, der in engerer, wenngleich ähnlich üppig mit Taschen versehener Montur seinen Experimenten mit Fett und Filz nachging. Emanationen, die mit Fett und Filz hantieren. Das passt zum Kreisel.

Als ich zur Seite trete, fällt mir ein, dass ich hier schon einmal gestanden habe: bei meinem einzigen Rendezvous, zu dem die

Holde in Ostfriesennerz und Gummistiefeln erschien und bemängelte, dass sie angesichts meiner porösen Kleidung ja nun gar nicht mit mir im Regen spazieren gehen könne! Was ja nun auch, ehrlich gesagt, nicht mein Plan war. In meiner privaten Stadtgeschichte hieße der Hermann-Ehlers-Platz sowieso anders. Ich hätte ihn nicht nach einem ehemaligen Bundestagspräsidenten benannt, der in der CDU war, sondern nach meiner Bumsbegleitband, die C-Dur spielte. Na ja, eher einem Kuschelorchester, das es einem mollig machte: Supertramp-Plaza. »Dreamer ... you're nothing but a dreamer!« Die Schloßstraße würde ich in Pink-Floyd-Alley umbenennen: »All in all you're just another brick in the wall!« Der U-Bahnhof Rathaus Steglitz – in meiner Welt hieße er 10CC-Station (bitte Englisch aussprechen) wegen des Songs »I'm not in love« – war nach dem Walther-Schreiber-Platz meine zweite wichtige Anlaufstelle außerhalb Charlottenburgs, denn so weit musste ich fahren, um meine erste große Liebe von der Schule abzuholen. Sie ging auf die Fichtenberg-Oberschule. Die Schüler dort waren viel freakiger als in meinem braven Charlottenburg. Akademikerkinder. Uuuuh! Was schert einen mit siebzehn schon die Frage, ob der Eindruck nicht doch täuscht. Man fühlt ja. Und die von der anderen Schule fühlten sich nun mal schlauer, selbstsicherer an. Auf einer Party der Fichtenbergler fand ich in einem Regal ein Buch: Junge Lyrik. Eine Zeile habe ich sinngemäß behalten: »Bügeleisen auf der Brust – egal. Hauptsache fühlen.« Eine aufopferungsvolle, selbstquälerische Tonlage, die viel besiegelte. Dazu lief Steve Hillage, »Searching for the Spark«. Viele kommen gar nicht weiter in der Erforschung des Lebenssinns. Ihnen bleiben Gefühle Garanten für Wahrheit. 1979 war es der gleißende Schein einer neuen Hoffnung, der mich so blendete, dass die Sinnfrage gar nicht erst erkennbar wurde. Vielleicht braucht es einfach nur ein paar neue Leute und einen neuen Stadtbezirk und aus mir wird ein glücklicherer Mensch!?, hoffte ich. In Steglitz war ich immer wie betrunken, torkelte erwartungsfroh die U-Bahntreppen hoch. Manchmal tranken Stephie und ich kostbaren Kirschbananensaft für zwei Mark sechzig das Glas in der Kneipe Hoppegarten. Ich sehe uns als zwei schneeweiße, ängstliche Häschen. Süß, viel sinnloses Gemümmel. Aber eben süß. Aus gutem Stall, daher ein sauberes Fell. Nur hier und da ein paar Klabusterbeeren am Schwänzchen. Ich versuchte herauszufinden, wer sich noch so alles für sie interessierte. Ich bemühte sämtliche verfügbaren Erträge meiner bisherigen Schulbildung, um sie zu beeindrucken. Sie beschwerte sich milde vorwurfsvoll über die vielen Fremdwörter. Ich bat um Pardon und verwies auf meine stark ausgeprägten altphilologischen Neigungen. Ich rauchte Merrit. Mittelleicht. Die Busse kamen schneller, als ich inhalieren konnte. Ich schnippte die Glut mit Daumen und Zeigefinger ab und steckte das stinkende Stäbchen in die Wildlederjacke, die die gleiche Farbe hatte wie die von Lex Barker als Old Shatterhand. Meine roch stets gut geräuchert.

An dem Mann, der mit dem Kopf in der Mauer verschwindet, bin ich also zigmal im 48er-Bus vorbeigefahren, zwei Stationen waren es dann noch bis zu Stephie. Aber wahrgenommen habe ich ihn damals nie. Für Stadtgeschichte war ich blind. Ein paar Tage nach meinem Ausflug an den Steglitzer Kreisel erfahre ich per Mail, dass ich auch in der Gegenwart den Zweck des Denkmals verkannt habe. Von wegen steingewordene Metapher für Tod, Kreisel und Bankeinbruch. Die gescannte Denkmalkarteikarte des Bezirksamtes Steglitz weist es als verputzten Kunststein und Ziegel aus. Entstehungsjahr 1961. Ach ja. Da war doch was. Mauerbau. Künstler: Dieter Popielaty. Name: »Mauer«-Denkmal.

Opfergang 1: Autor besucht das Schloss

Zweihundert Meter weiter liegt das Schloss, einer von vier klotzigen Einkaufspalästen auf dem Weg zum Walther-Schreiber-Platz. Widerwillig und nur allzu bereit, meine Abneigung gegen diese Bude bestätigt zu sehen, schiebe ich mich an rauchenden Verkäuferinnen vor dem Eingang vorbei. »Herzlich Willkommen in der Welt des Schlosses!« grüßt eine Gravur im Boden. Jeder mit Stilbewusstsein und dem Willen zur Distinktion wird diesen Ort aus ganzem Herzen hassen. Wer hier shoppt, wird Glaubens gemacht, dass Paris die Hauptstadt von Miami ist und die Belle Époque gleichzeitig mit Jugendstil und ionischem Klassizismus in der Gegenwart stattfindet. Wobei es ionische Säulen gibt. Und die Periode des Klassizismus. Dazwischen liegen 2400 Jahre. Ich bedaure fast, heute keine leise-

Opfergang 2: Autor nähert sich bis auf 50 Meter Primark

säuerlichen Blähungen zu haben, mit denen ich meine Umwelt strafen könnte. Wenn man seine eingefahrene Vorstellung von Schönheit allerdings gänzlich aufgeben kann, ist es hier sicher außergewöhnlich schön. Vor allem bunt. Noch besser, man hat erst gar keine festgefahrenen Vorstellungen, denn dann befindet man sich in einem egalitären, geschichtslosen Zustand, der den Fokus auf das eigene Potenzial lenkt: Geld auszugeben. Und zwar genau hier.

Das Schloss ist eines von vier Einkaufszentren, die seit den 1970ern gegen den Tauentzien/Ku'damm und seit dem Mauerfall in zunehmendem Maße auch gegen östliche Shoppingpaläste antreten. In order of appearance: Forum Steglitz (1970, 2007 nach zwei Jahren Umbau wieder eröffnet), Das Schloss (2006),

Opfergang 3: Autor bekennt, diese Mall zu mögen

Schloß-Straßen-Center SSC (2007) und Boulevard Berlin (2012). Es sind vier von insgesamt vierundsechzig Shoppingcentern in Berlin (Stand Mai 2014). Wikipedia sagt, dass das Forum Steglitz der erste Bau dieser Art in Deutschland gewesen sei. Richtungsweisende Architektur. Ich sage: Es war das unvermeidliche Fanal für den Leerstand zahlloser Gewerbeeinheiten in den Städten. Allein der Internethandel mit Büchern zieht den terrestrischen Händlern pro Jahr im Durchschnitt fünfundzwanzig Prozent ihres Umsatzes ab, erklärt mir Nils Busch-Petersen vom Handelsverband Berlin-Brandenburg. Branchenübergreifend sind es im Durchschnitt zehn Prozent; da ist zwar der Lebensmittelhandel mit eingerechnet, der hat aber noch kaum Vertriebswege über das Netz erschlossen. Noch! Wachstumsraten von zehn Prozent

Das Gegenteil von einem Eingang: ein »Kommbloßnichtrein«

pro Jahr sind keine Seltenheit unter den Onlinehändlern, entnehme ich den Tabellen des Verbandes im Weiteren. Der Umsatz im Onlinehandel hat sich in Berlin von 2011 bis 2013 auf gut 1,5 Milliarden Euro fast verdreifacht. Der Handel muss sich sammeln: Ein Viertel aller Verkaufsflächen in Berlin ist mittlerweile in den Malls gebündelt. Ich beschließe, niemals Gewerbeimmobilien zu kaufen, und überlege, was neben Bäckern und Metzgern noch in Einkaufsstraßen bestehen kann. Sexshops. Wettbüros. Friseure. Imbiss- und Muckibuden. Mehr fällt mir nicht ein. Noch mehr Shoppingmalls vielleicht?

Leerstand. Damit schließt sich der Kreis am Kreisel. Die siebenundzwanzig Etagen bargen einst siebenhundert Büros. Bis zur Spitze in 118,5 Metern Höhe ist das Gebäude unter den

Fenstersimsen, Rohrverkleidungen und Zwischendecken mit Asbest vollgestopft. Der Bau des Kreisels begann 1967. Bereits 1970 wurde die faserige Substanz Asbest als karzinogen eingestuft. Von Wissenschaftlern, nicht von Bauherren. Noch 1972 nannte der Regierende Bürgermeister Klaus Schütz alle Kritik an dem Gigavorhaben »hämische, neidische und unsachliche Nörgeleien«. Er glaubte an das Projekt. Schließlich stand das Land auch als Bürge mit vierzig Millionen DM bereit. Hundertachtzig Millionen sollte der Bau ursprünglich kosten, es wurden dreihundertdreiundzwanzig Millionen. Ein Palast der West-Republik sollte es werden. Ein Monument. Doch hüben wie drüben wurde der Monumentalismus zum Fiasko. Auch die Erbauer des Ost-Berliner DDR-Pendants verbauten zwischen 1973 und 1976 reichlich Spritzasbest, der durch seinen hohen Faseranteil besonders gesundheitsschädlich ist. Später war das der dringlichste Abrissgrund für »Erichs Lampenladen«. Genauso erging es auch dem Kreisel, mit dem feinen Unterschied, dass »Deutschlands bekannteste Investitionsruine« bis heute steht. Und weiterhin Geld kostet. Selbst wenn man abreißen wollte: Die Asbestsanierung muss vorher erfolgen.

Im Falle des Kreisels werden acht Arbeitsplattformen den Gebäudekörper Etage für Etage hoch und runter fahren und die asbesthaltigen Brüstungen im Unterdruckverfahren entfernen. Alles wird nach innen hin abgesogen, nichts darf nach außen dringen. Der Abtransport der zweitausend Tonnen Giftmüll erfolgt via LKW, die im Keller vorfahren. Das Gebäude ist wie gemacht dafür. Der Sockel wurde schon behandelt. Zurück bleibt dann ab circa 2015 ein Stahlinnengerüst – und die Hoffnung, dass die Verträge mit zwei internationalen Investoren bis Ende 2013 so weit unter Dach und Fach sind, dass danach die Umwandlung in Eigentumseinheiten beginnen kann. Knapp zweihundert

Wohneinheiten könnten es werden. (Eine Hoffnung, die sich am Ende des Buches auch für Sie, lieber Leser, als nicht trügerisch erweisen wird. Weil aber auch der Autor nicht schneller schreiben kann, als die Realität sich entwickelt, obwohl er es zu jedem Zeitpunkt versucht hat, belassen wir es hier bei den nicht mehr aktuellen Daten. So viel dennoch: Am Ende wird manches zwar nicht richtig gut, aber eben doch anders. Das ist ja auch mal schön. Apropos: schön … zurück in den Kreisel …) Der Blick ist wirklich schön. Auch schon im achten Stock. Man hat das Gefühl, es geschafft zu haben; und sei es auch nur, um dem Schloss aufs Dach spucken zu können. In hundert Metern Höhe mache ich Aufnahmen. Auch vom Schloss. Zu Hause lasse ich dann mit einer Special-Effects-App Raketen in die Mall fliegen. Es sieht eindrucksvoll aus. Die Kitschburg geht in einem Feuerball unter. Wie in dem alten Punksong von Hansaplast: »Alles geht kaputt. Alles geht zu Schutt. Und ich lache!« Nur, dass ich es heute nicht mehr komisch finde.

Den Zugang zum Kreisel hatte ich mir zwei Wochen nach meinem ersten Besuch verschafft. Die Berliner Immobilienmanagement GmbH (BIM) organisiert die Sanierung und ist Dienerin zweier Herren, der beiden Eigner: des Landes Berlin und des Bauträgers Becker & Kries. Bis Die Besitzer wollen einen notariell sauberen Vertrag hinlegen, der den Verkauf an zwei private Investoren regeln soll, berichtet der Geschäftsführer der BIM, Sven Lemiss. Er findet sich eigens zum Gespräch vor Ort ein. Wir stehen vor dem Haupteingang, der von einem Bretterverschlag versteckt wird. Drei Herren in dunkler Kleidung. Der dritte, ein Bauingenieur, wird mich später in das Gekröse des Gebäudes führen. Herr Lemiss ist zufrieden. Die BIM hat ihre Hausaufgaben gemacht. Parkhaus und Flachgebäude, auch zum Kreiselkomplex gehörig, habe man bereits saniert – ohne nennenswerte Verkehrseinschränkungen. Jetzt gehe es an den Turm. Die Zwischenwände der einstigen Büros sind zu großen Teilen schon entfernt. Auf manchen Wänden stehen neonfarbene Anweisungen: »hier alles weg«. Rohre liegen frei. Nicht mal mehr in der alten Kantine finden sich noch Hinweise auf ein funktionierendes Sozialleben. Keine Speisepläne, keine Fettabscheidefilter. Keine Treppengeländer auf dem Weg ganz nach oben. Auf dem Dach wächst Unkraut aus den Bodenfugen. Die Kranarme für die Lastkörbe ruhen auf ihren Schienen. Es weht ein angenehm kühler Wind. An den zahllosen Windungen der Straßen und den Sehenswürdigkeiten aus dieser Perspektive kann man sich kaum sattsehen. Wie grün die Stadt ist. Ich bin über Yokohama mit dem Hubschrauber geflogen und habe New York vom Empire State Building aus beäugt. Berlin ist einmalig. Bis in den Fläming soll man von hier gucken können. Ich kann für einen Moment die Versuchung fühlen, möglichst hoch hinaus zu wollen.

Lemiss winkt ab. Wolkenkratzer seien in Berlin unangebracht: »Berlins Baugrund ist immer noch so günstig, dass sich Hochhäuser kaum lohnen«, erklärt er. »In London ist das anders. Daher wird bei zukünftigen Investoren die Frage sein: Wie rechnen sich die höheren Bau- und Betriebskosten in einem Hochhaus? Außerdem: Wie erfüllen die zukünftigen Bauherren die immer komplexeren gesetzlichen Auflagen für Energieeffizienz und Brandschutz. Ich bin mal gespannt.« (Nicht mal ein Jahr später werden die Zeitungen von spektakulären Planungen für Hochhäuser berichten, die z.B. am Alexanderplatz und neben dem Estrel-Hotel in Neukölln entstehen sollen.)

Ich frage, warum man denn nicht schon früher Alarm geschlagen habe wegen des Asbests. Wir überlegen eine Weile und stellen fest, dass das Thema Asbest in unserem Bewusst-

Hier fehlt nichts.

sein auch erst wesentlich später ankam als wahrscheinlich in unseren Körpern: Ende der 1970er. Publik wurde die akute Gesundheitsgefahr im Steglitzer Kreisel erst 1990, zehn Jahre nach der endgültigen Fertigstellung. Da wussten die Mitarbeiter des Bezirksamtes jedoch schon, dass man besser keine Nägel in die Wände kloppt. Man erwog zunächst eine Sanierung Stück für Stück. Drei Gutachten bis 2005 lieferten schließlich den Beweis: Eine häppchenweise Sanierung war unmöglich. Jetzt hofft Sven Lemiss, dass er die Sanierung für deutlich weniger als die geplanten fünfundneunzig Millionen Euro abschließen kann. Und ich überlege, was die knapp zweihundert Eigentumseinheiten, die hier entstehen könnten, wohl pro Quadratmeter kosten würden. Will man da wohnen? Ab 2018 vielleicht. Oder später?

»Männer, Häuser und Geld kann man nie genug haben« soll ein typisches Bonmot der Architektin und Bauherrin Sigrid Kressmann-Zschach gewesen sein. Ich würde sie gerne fragen, was diese zwanzig Jahre Dauerpleite auf allen Ebenen mit ihr gemacht haben. Sie starb aber bereits 1990 im Alter von einundsechzig Jahren. Die Zeitungen nennen sie »Baulöwin«. Ein Foto zeigt sie 1969 in ihrem Rolls Royce am Ende eines dicken Spiralkabels mit Autotelefon in der Hand. Sie war Anfang der 1960er durch die zweijährige Ehe mit dem sozialdemokratischen Kreuzberger Bezirksbürgermeister zu einer gesellschaftlichen Größe in Westberlin geworden. Willy Kressmann, »Texas Willy«, war vierundzwanzig Jahre älter als die junge Frau. Nach der Scheidung avancierte sie zur erfolgreichsten Bauherrin Westberlins. Wenn einer Kontakte hatte, dann sie. Wenn einer wusste, wie Subventionen aufzutun waren, dann SKZ. So ihr Kürzel. Auch das Ku'damm-Karree ist ihr Werk. Ebenfalls ein Pleiteobjekt. Zeitzeugen schildern sie als »pfiffiges Luder, fair und nie hinterhältig«. Wer vor ihren Augen bestand und offenbar auch Erfahrungen im Baggern hatte, wurde ins Privathaus in Berlin-Grunewald eingeladen, durfte im Pool planschen und, wenn er Glück hatte, auch über Nacht bleiben. So gefiel es der »schönen Siggi«, die nach eigenem Bekunden lediglich »mit den Waffen einer Frau« kämpfte. Im Abschreibungsdschungel Westberlins bezirzte sie so manchen Tarzan. Irgendwie finde ich die Vorstellung nicht grundlegend unsympathisch, dass Männer bei Saunagängen und in Wiener Hotelbetten höhere architektonische Weihen erhielten. So lernt Mann gerne. Sie wollte eben hoch hinaus. Das ist ihr gelungen. Zeitgenossen nannten den Kreisel eine »herausragende städtebauliche Lösung«. Oder auch ein klares »Ausrufezeichen«, berichtete die »Zeit« im Januar 1974, ohne die Namen der zitierten Politiker zu nennen. Die Großsprecher sind wahrscheinlich längst vor Scham im Boden versunken, kompostiert und ins Grundwasser eingesickert, wo sie in homöopathischer Dosis zu einer Erstverschlimmerung der hiesigen Krankheit Großmannssucht beitragen. Ich frage mich nur, warum das hässliche Ding überhaupt Kreisel heißt. Und nicht zum Beispiel Klotz. Oder Phallus. Aber Kreisel? Weil er einen schwindelerregenden Sog entfaltete, in dem Millionen und das Ansehen von gestandenen Politikern mahlstromartig einfach weggewirbelt wurden? Ein frühes Bebauungsmodell des Areals aus den sechziger Jahren zeigt einen großen Kreisverkehr, der die Ströme verteilen sollte. Der Kreisel. Warum es kein »Ring« oder »Platz« geworden ist? Immerhin ist im Begriff des Kreisels schon das weitere Geschehen mitgedacht worden: Am Ende kippt das beliebte Spielzeug und trudelt ins Leere.

Wir stehen wieder vor dem Kreisel im engen Bretterverhau, das die Baustelle umgibt. Einkaufende sehen mich mürrisch an, weil sie sich mit Tüten und Pack an mir vorbeischlängeln müssen. Auch der Haupteingang zum Gebäude ist nur noch eine Holztür in einem Verschlag. Zeit zu gehen. Zum Abschied gibt mir Herr Lemiss einen Tipp: »Kennen Sie Gert Eckel? Den Architekten, der ein alternatives Nutzungskonzept vorgeschlagen hat?« – »Das mit den Künstlern und dem Licht? Das 2012 durch die Presse ging?« – »Genau. Rufen Sie den mal an! Der ist sehr kenntnisreich.«

Kurz darauf rufe ich Gert Eckel an. Das Telefonat dauert zehn Minuten. Jedes seiner Argumente ist das, was man im Karate eine zwingende Technik nennt. Unausweichlich konfrontierend. Alternativlos, wenn man schmerzfrei weiterleben will. Am selben Abend sehe ich eine Visualisierung seiner Ideen. Wer die Bilder sieht, denkt: Warum bauen die das denn nicht!? Jedenfalls in meiner Welt denkt man das.

Sein Nutzungskonzept ist temporär. Fünfzehn Jahre soll es dem Kreisel vorübergehendes Leben einhauchen. Kostenneutral. Nach der Asbestsanierung müssten seiner Vorstellung nach Solarpanele an der Außenhaut angebracht werden, die nach zwei Jahren alle laufenden Kosten decken würden. Das Haus selbst würde in den oberen drei Etage zur Eventlocation: Gastronomie und Partys. Ich wäre der Erste, der unten am Fahrstuhl steht und Eintritt löhnt. Der Rest würde zwischengenutzt: Lagerräume, kulturelle Begegnungsstätte, Ateliers, Proberäume.

Zehn Jahre mindestens, so lange bräuchte man ferner, um die Verkehrsströme in dem gesamten Areal neu und klug – zeitgemäß eben – zu planen, einen neuen Bebauungs- und Nutzungsplan aus der Taufe zu heben. Prinzipiell sei der Kreisel als Tor zur Innenstadt städtebaulich das richtige Zeichen. Da komme alles zusammen: U-Bahn, S-Bahn, Autoverkehr. Da brauche man einen Akzent.

Nur sei das Gebäude architektonisch eben eine völlige Fehlplanung, »von Grund auf miserabel«, wie Eckel 2012 an die Wirtschaftsenatorin Sybille von Obernitz schrieb. Vergeblich. Frau Obernitz passte auch nicht in die politische Landschaft, konnte aber schadstofffrei, wenngleich nicht ganz kostenneutral entsorgt werden. Sie erhielt nach neun Monaten im Amt ein üppiges Übergangsgeld.

»Der Kreisel hat siebenundfünfzig Prozent Verkehrsflächen. Nur dreiundvierzig Prozent Nutzungsfläche. Man braucht mindesten ein Verhältnis von fünfzig zu fünfzig, um ein Gebäude kostendeckend zu betreiben!«, erklärt Eckel unaufgeregt. Er weiß, wovon er spricht. Ich muss lachen. Zu viel Verkehrsfläche traue ich der schönen Siggi mittlerweile ohne Weiteres zu. Kann ja jedem mal passieren. Nur kostet das in unserem Fall den Rest der Stadt nicht gleich Kopf und Kragen.

Aufnahme aus einem fröhlicheren, bedächtigeren und liebevolleren Paralleluniversum

Doch SKZ hat mit ihren willfährigen Mannen und Subventionsrittern Steglitz nicht nur enthauptet. Der Kreisel hat den Bezirk auch historisch kastriert. »Nicht mal in der DDR haben sie so was gemacht!«, sagt zum Beispiel Professor Harald Bodenschatz. Er ist ein renommierter Sozialwissenschaftler und Stadtplaner. Er kennt die causa Kreisel wie kaum ein anderer. Bis heute habe er dennoch nicht bis in alle Details nachvollziehen können, wie es zu so einer städtebaulichen Katastrophe habe kommen können. Wer da eigentlich wie wann mit »so was« verdient und blind den größten Unsinn durchgewunken habe. Mit »so was« meint er die völlige Vernichtung des alten Steglitzer Dorfkerns zugunsten eines »Unortes«, der seiner Umgebung wie ein Parasit allen Charme, alle Leichtigkeit und jede Offenheit absaugt und stattdessen einem »entwaffnend hässlichen Parkhaus« Platz bietet, das den Moloch Auto hofiert. »Gewaltige ungenutzte unterirdische Raumkapazitäten« hält dieser Unort vor.

Für zehn Euro kann man beim Bezirksamt eine überaus lesenswerte gebundene Broschüre bestellen: »Über Steglitz. Der Kreisel. Eine Hochhausgeschichte.« Es liest sich wie eine Mischung aus Fips-Asmussen-Witzen und einem Schwarzbuch Westberlin. Aber der Bezirk kann nichts machen, weil er kein Geld hat und daher planerisch wie bautechnisch immer nur Kleinklein kann. Und so wird es kommen, wie es oft kommt, sagt Bodenschatz: »Wenn kurzfristig kein Geld zur Verfügung steht, sind langfristige ökonomische Lösungen nicht möglich.« Man wurschtelt sich durch.

Was für ein Gebäude! Man kann es nicht vollständig nutzen, schwerlich erfolgreich bewirtschaften. Man kann es nicht einfach abreißen. Man kann es derzeit nicht mal bewohnen. Auch nicht einfach umbauen. Ein gigantisches Unikum, ein »Wallfahrtsort der Sinnlosigkeit«, wie der Architekt Nils Peters sagt (den lernen sie am Ende des Buches noch näher kennen). Letztlich ein Rätsel. Genauso wie der riesige Quader außerirdischen Ursprungs auf dem Mond, den Stanley Kubrick 1968 in seinem Film »2001 – Odyssee im Weltraum« zeigte. Man kann ihn nicht übersehen und noch schwerer verstehen. Ich schließe daraus: Der Kreisel ist also zweifelsfrei außerirdischen Ursprungs. Ein gigantischer, starke Felder erzeugender Sender, der soziale Gefüge ständig erschüttert. Es müssen einfach Aliens am Werk gewesen sein, die unsere Intelligenz, Geduld und Belastbarkeit testen. Das ist die sinnvollste Erklärung. So doof kann doch gar kein Mensch sein. Mit Sicherheit würde man in den unterirdischen Kellerräumen auch irgendwo eine Überlebenskapsel für das objektverantwortliche Exemplar dieser Spezies finden. Wahrscheinlich sind diese Wesen sehr klein und lachen viel. Leider werden wir sie wohl nicht entdecken. Für eine Suchexpedition in den ausgedehnten Kellerräumen des Kreisels fehlt in Steglitz nämlich das Geld.

Sackgasse: Die Hauptstraße 56

Die Berliner können beruhigt sterben, Bestatter gibt es genug. Auf durchschnittlich achtzig Tote täglich kommen doppelt so viele Totengräber, die zweihundertzwanzig Friedhöfe bestücken. Von Firmenneugründungen rund um den Gottesacker ist daher eher abzuraten. Auch hier haben Discounter das Tor zur Billighölle aufgestoßen; der Tiefpunkt ist erreicht, wenn von Top-Preisen die Rede ist. Die billigsten der Billigen werden »Aldi-Bestatter« geschimpft. Der Claim »Nimm zwei, erhalte drei!« stieße an die natürlichen Grenzen des Sarghandels.

Die wenigsten wissen, dass Bestatter kein Innungsberuf ist. Jeder kann das theoretisch machen. Nicolas Lenzen stört sich daran. Der studierte Betriebswirt ist Berlins einziger diplomierter Thanatopraktiker. Das sind diejenigen, die aus einer höchst gammeligen oder kleinteiligen Leiche auch noch im fortgeschrittenen Verfallsstadium ein letztes Mal einen ansehnlichen Großvater oder Nachbarn machen. Gas muss abgesaugt, manches gekittet oder verdrahtet, alles geschminkt werden. Herr Lenzen und seine Frau erledigen ihre präparatorische Arbeit im Leichenkühlhaus des Schöneberger Zwölf-Apostel-Friedhofes. Sie empfangen die Trauernden im Bestattungshaus Kluth an der Haupt-, Ecke Kärntener Straße. Vierundzwanzig Stunden am Tag sind sie abrufbereit. Manchmal rückt der Leichenwagen auch nachts aus. Das ist zeitweilig von Vorteil, denn tagsüber lauern umtriebige Staatsdiener an der Busspur, warten, bis die Sargträger ihre drei bis vier Zentner schwere Eichenkiste in den Keller verfrachten, und schreiben dann den unbeliebten Zettel. Regel ist Regel. Ordnung muss sein. Parkplätze gibt es auf der Hauptstraße eben keine. Bloß nicht diskutieren müssen.

Dabei gäbe es viel zu besprechen dieses Teilstück der B1 zwischen Innsbrucker Platz und Dominicusstraße betreffend. Es handelt sich um fünfhundert sterbende Meter, aus denen das

Immerhin eine Hauptstraße, die Hauptstraße

Leben sich mal mit Ansage, mal schlagartig zurückzieht. Für mich ist es einer der deprimierendsten Straßenabschnitte Berlins. Hier ist mein einst bester Freund gestorben. Ein Geschäft nach dem nächsten macht zu. Das Lebendigste hier ist noch der grüne Außenanstrich einer Pin-AG-Filiale. Ansonsten reiht sich eine leere Gewerbeeinheit an die nächste. Ein Sexladen, ein Wettbüro, eine Dönerbude, eine Praxis für Krankengymnastik. Na schönen Dank.

Das »Taormina II« an der Ecke Dominicusstraße sei eine gute Pizzeria, auch wenn sie nicht so aussieht, sagt mir mein stadthistorisch bewanderter Freund Holger. Er hat mal im Kärntener-Kiez gewohnt. Die trüben Schaufenster der Häuser 56–59 sind leer. Über der 56 sieht man Kisten, Säcke und schäbige Vorhänge im ersten Stock. Dort soll eine Jugend-WG für betreutes Wohnen sein, erfahre ich von einem Passanten.

Dieses Teilstück der B1 ist nur für die Durchfahrt gemacht, da gibt es kein Halten mehr. Nur der Sensenmann scheint sich hier wohlzufühlen. Vor dem Beerdigungsinstitut sind am 11. August 2012 sechs Partygänger schwer verunglückt. Auf youtube haben Passanten den Großeinsatz der Feuerwehr und das brennende Wrack dokumentiert. Morgens um kurz nach sieben riss eine offenbar reichlich betrunkene junge Frau das Steuer zu heftig herum. Sie fuhr viel zu schnell. Der Wagen schoss über die halbkugelförmigen Poller auf dem Mittelstreifen, landete auf dem Dach und fing direkt vor dem Beerdigungsinstitut Feuer. Noch heute sind schwere Schrammen im Asphalt zu sehen. Es war der Tag, an dem die kleine Tochter der Lenzens eingeschult wurde. Daran erinnern sie sich noch ganz genau. Zwei der fünf männlichen Insassen erlitten schwerste Verletzungen und Verbrennungen. Ein Postbote der PIN AG rettete alle aus der Fahrgastkabine, die völlig ausbrannte. Die Geschichte erinnert mich daran, wie Christian umkam. Keine zehn Meter weiter.

Das Bestattungsinstitut Kluth ist seit den späten vierziger Jahren an diesem Fleck. Vor fünfzehn Jahren übernahm Fabian Lenzen den Betrieb von seinem Schwiegervater, aber an meinen Freund Christian kann er sich nicht mehr erinnern. Obwohl alles vor seiner Haustür stattfand. »Im Juli 2000? Nein, der Fall ist mir nicht bekannt!« Lenzen war wohl zu sehr damit beschäftigt, diesen absterbenden Straßenabschnitt zu revitalisieren; ausgerechnet er, ein Bestatter, will Leben in den Kiez bringen. Er sagt, ein Drittel seiner Klientel seien Stammkunden oder lebten um die Ecke im Kärntener-Kiez. Ich muss mich erst an den Gedanken gewöhnen, dass auch Beerdigungsinstitute Laufkundschaft brauchen.

Wollen auch leben, die Bestatter

Als absehbar wurde, dass die Busspuren und mit ihnen die fehlenden Parkplätze Passanten vergraulen, taten sich ein paar Gewerbetreibende zusammen. Nach Geschäftsschluss können PKW in diesem Teil der Hauptstraße vor den Häusern parken. Tagsüber darf keiner am Straßenrand verweilen. Was haben sie seitdem nicht alles versucht, um die für die Bundesstraße zuständige Senatsverwaltung für Stadtentwicklung davon zu überzeugen, dass zwei Fahrstreifen und eine beidseitige Busspur rund um die Uhr auf diesem Abschnitt unsinnig sind. Zig Gegenentwürfe haben sie vorgelegt. Alles gängige Modelle, wie sie weiter südlich gen Steglitz umgesetzt wurden. Zeitlich eingeschränktes Parken, Parken auf einem Mittelstreifen, Parken am Straßenrand. Alle Motorisierten auf einer Spur, bis auf die Fahrräder.

Der damalige Bezirksbürgermeister und ehemalige Wirtschaftsstadtrat von Schöneberg, Ekkehard Band, war von Anfang an auf ihrer Seite. Keiner will in seinem Einflussbereich Schandflecken. Er schlug beherzt vor, die absterbende Straße erst mal optisch aufzuhübschen. Man könne Blumenkübel aufstellen, riet Band, das mache die Gegend reizvoller. Lenzen tat wie geheißen und beantragte brav, Blumenkübel aufstellen zu dürfen. Der Antrag lag anderthalb Jahre beim Amt und wurde dann nach offenbar ebenso gründlicher wie fachgerechter Bearbeitung unter Auflagen positiv beschieden. Er dürfe, sicherte man Lenzen zu, aus eigener Tasche das Stadtbild verschönern, müsse aber ungiftige Pflanzen ohne Stacheln und Dornen verwenden, die zudem nicht von Wespen oder Bienen heimgesucht würden. Für diese botanische Bürgerbelehrung und Outdoor-Wachstums-Ermächtigung zahlte er knapp zweihundert Euro Bearbeitungsgebühr. Ich frage, ob die Bottiche, die samt Geäst vor der Tür rumkrumpeln, immer noch die ersten seien. Ja, genau die seien es. Und er muss angesichts der fipsigen Pflänzlein ebenso lachen. »Das zieht sicher wie irre Kunden an!«, sage ich. Er weiß nicht, ob er lachen soll. Immerhin treffen sich jetzt alle Bundesgenossen einmal im Jahr beim Stadtteilfest. Ist ja auch schon was.

Lenzen ist ein ruhiger, besonnener Mann. Unaufgeregt. Sogar im Umgang mit der Politik, die durch den Aufschlagwechsel zwischen Bezirks- und Stadtverwaltung mit ihm seit Jahren Pingpong spielt. Während der Stunde, die wir morgens miteinander verbringen, herrscht kaum Verkehr auf dieser Hauptstraße. Das war auch all die vielen anderen Male nicht anders, als ich dieses Teilstück der B1 abgefahren bin, Berufsverkehr ausgenommen. Bis auf einmal im Sommer 2007. Da wurde um den Kiez herum so viel gebuddelt und abgesperrt, dass viele andere Verkehrsströme den Umweg an Lenzens Bestattungshaus vorbei nehmen mussten. Und das sei dann auch genau der Zeitpunkt gewesen, als der Senat eine Verkehrszählung vornahm, sagt Lenzen. Ergebnis: Ganz schön was los hier. Besser wir behalten mal die zwei Fahrstreifen und die Busspuren. Aus Lenzens Sicht keine ergebnisoffene Untersuchung. »Busspuren sind seit dem letzten rot-grünen Senat politisch gewollt! Nutzungsunabhängig.« Im Grunde gebe es eine einfache Lösung, erklärt er: Der Verkehr müsse zum Teil südwärts mit einer doppelten Linksabbiegerspur über die Westtangente umgelenkt werden. Aber dafür brauchte es eine andere Ampelanlage. Und die koste 150.000 Euro. Da könne man nichts machen. Die »Abendschau« sei auch schon dagewesen, das habe aber nichts genutzt.

Eine Frau betritt seltsam verlegen den Laden und er wendet sich ihr zu. »Entschuldigung, letzte Woche ist mein Lebensgefährte gestorben und ich wollte mal mit Ihnen sprechen!« Kundschaft. Zeit für mich zu gehen. Erst draußen vor der Tür verstehe ich, dass die Frau mich auch für einen Trauernden gehalten haben muss. Doch diese Zeiten sind eigentlich vorbei. Ich blicke auf die gegenüberliegende Hausnummer 59, wo mal ein türkischer Friseur war. Dann auf die leere Busspur auf meiner Straßenseite. Hier hat mein Freund Christian Anlauf genommen, um in den Tod zu rennen. Er kam noch lebend auf der anderen Straßenseite an. Ich habe oft überlegt, ob ich einen Gedenkstein aufstellen lassen sollte. Angesichts der Erfahrungen, die Herr Lenzen mit der Genehmigung für Blumenkübel gemacht hat, wohl ein ebenso aussichtsloses wie teures Unterfangen. In erster Linie weiß ich natürlich, dass nicht jeder einfach seine Verluste coram publico verarbeiten kann. Auch wenn es rührende Ausnahmen gibt.

An der Kreuzung Kaiser-Friedrich-Straße, Ecke Bismarckstraße wurde 2004 ein auf dem Radweg fahrendes Kind von einem rechts abbiegenden Laster überrollt. Der Kleine fuhr seiner Mutter hinterher. Er starb im toten Winkel des LKW-Fahrers. Heute steht dort ein Denkmal. Es heißt Himmelsleiter und erinnert an den damals Neunjährigen. Wenn ich die geknickte, blaue Säule an der Ampel stehend ansehe, weiß ich immer nicht, wen ich mehr bedauern soll. Das Kind, die Eltern, den LKW-Fahrer.

Ich bin sehr froh, dass die Stadt nicht an allen Stellen ihre Unzumutbarkeiten preisgibt. Aber einmal Erlebtes kann man nicht wieder in den Orkus der Ahnungslosigkeit zurückstopfen wie ein Fieberzäpfchen. In meinem Fall betrifft das auch die Geschichte von Christian und mir. Vierzehn Jahre ist das jetzt her. Vor dieser Haustür da drüben springt sie mich immer wieder an.

*

Christian und ich gingen ab 1976 in dieselbe Klasse. Er war mein erster und lange Zeit bester Freund in Berlin. Er bekam zehn Mark Taschengeld die Woche, ich fünf im Monat. Er war Eishockeyspieler, ein freundlicher, aber gerade im Sportunterricht auch gern zu Bodychecks bereiter, gut aussehender Kerl. Beim Fußball wurde er immer gleich als Erster gewählt und ich nur aus einem einzigen Grund nicht ganz zum Schluss: Meine Klappe war groß genug, um die Abwesenheit jeglicher Dribbelkünste vergessen zu machen. Ich war immer etwas besser in der Schule als er. So, schien es, hatten wir einen ausgeglichenen Deal. Er durfte alles, wollte aber nichts. Ich wollte alles, durfte aber nicht viel. Er stiefelte trotzdem mit mir gemeinsam um zweiundzwanzig Uhr die Treppen in der Discothek Bowie am Adenauer Platz hoch. Er hatte beide Hände in seiner weißblauen Bomberjacke. Ich tanzte immer, er nie. Wir mochten dieselben Stücke. »Babylon’s Burning« und »Jah War« von den Ruts und besser »It doesn't make it alright« von den Stiff Little Fingers. Meine Freundinnen fand er auch gut und nicht selten übernahm er sie, nachdem sich zwischen ihr und mir herausgestellt hatte, dass es doch nicht so richtig dauerfunkte. Man kam zusammen und trennte sich aus gleichermaßen nichtigem Anlass. Konstanz gab es nur in Männerfreundschaften. Wir trugen beide adidas-Trimmtrab. Als wir mit dem Leistungssport aufhörten – er beendete seine Spielerkarriere beim BSC und ich schminkte es mir ab, jemals im deutschen Schwimmkader landen zu können –, begannen wir beide zu rauchen. Und zwar tüchtig. Nach dem Abi zogen wir zusammen. Ich studierte, er wollte jobben, bis er eine Idee hatte, welches Studienfach ihm liegen könnte. Es kam ihm nie eine.

Wir aßen Kebabs für zwei Mark fünfzig im damals bekannten Athener Grill am Lehniner Platz. Wir kauften Dope für achtzehn Mark das Gramm am Adenauer Platz und segelten dann durch das Superfly. Wir quarzten uns durch das Linientreu in der Nacht von Donnerstag auf Freitag und fuhren quälend lange fünfundvierzig Minuten mit dem 1er-Nachtbus zurück nach Reinickendorf, wo wir 1982 für kurze Zeit eine billige Wohnung nach dem Auszug aus dem Elternhaus gefunden hatten (siebenundachtzig Quadratmeter, drei Zimmer, Küche, keine Dusche, Klo, Ofenheizung: hundertfünfundachtzig Mark). Christian nickte oft ein. Er hat die Ruhe weg, dachte ich. Ich nie. Ich hatte immer Sorge, etwas zu verpassen. Im schlimmsten Fall den Ausstieg. Wir wollten nach Neuseeland auswandern, weil das die einzige atomwaffenfreie Zone auf der Welt war, in der wir 1983 hoffen konnten, nicht als eingebrannter Schatten in der Wand zu enden. Im Falle von Christian eine trügerische Hoffnung. Nur durch unseren konzertanten Zwei-Mann-Truppenabzug würde die atomare Apokalypse vermeidbar sein, das wussten wir. So einig wir in der Einschätzung der Weltzeit waren – natürlich fünf vor zwölf –, so unterschiedlich verorteten wir uns politisch. Ich solidarisierte mich früh mit den Hausbesetzern, deren Sprachrohr die Jugendsendung sfbeat war. Ich mochte die Musik. Also musste der Rest auch stimmen. Als der Aufruf aus meinem Kofferradio drang, in die besetzten Häuser zu strömen, kaufte ich zwei Kilo Auberginen und platzte in den Kriegsrat von sechs zotteligen Besetzern, die in der Knobelsdorffstraße die neuesten Hinterfotzigkeiten der »Bullen« verhöhnten. Sie staunten nicht schlecht, als ich mich im Türrahmen stehend als solidarisch bekannte und fragte, ob ich was für sie kochen könnte. Als der Auflauf um achtzehn Uhr fertig war, konnte ich leider nicht mehr mitessen, denn ich musste um halb sieben zu Hause sein. Christian hingegen schleppte S. an. S. war bei der Polizei. S. war ein Hüne mit einer attraktiven, zierlichen Freundin, die bald beide in unserer Wohnung ein und aus gingen. Er schilderte, wie anstrengend und schikanös er die Arbeit bei der Polizei fand. Wie wenig Lust er hatte, den Knüppel zu ziehen, wenn am Kotti die Steine flogen. Ich hörte dem Feind aufmerksam zu. Ich mochte ihn. Einmal war ich auch mit B., der Freundin von S., allein. Das ging allerdings gar nicht gut beziehungsweise sehr. Er wusste sofort davon, verschonte mich aber, auch als ich im Demonstrationszug gegen die Mietpreispolitik des Berliner Senats an ihm vorbeiflanierte. »Polizei SA SS« schrien ein paar Mitstreiter. Im Spalier der flankierenden Polizisten erkannte ich S. Er sah mich auch und winkte kurz. Mit der Hitze, die mir die Schamesröte in mein Gesicht trieb, hätte ich an diesem Werktag des Jahres 1984 den Kopf in den Boden des Walther-Schreiber-Platzes rammen und mich durch den Teer gen Erdkern einbrennen können. Noch heute existiert dort ein unsichtbarer Krater. Warum auch immer die Demo an diesem Tag genau dort lang führte. Ich habe nie wieder den Begriff »Bulle« verwendet.

Während ich mich allzu schnell und überaus bereitwillig unter die arbeitende Bevölkerung mischen wollte und als hochmotiviertes Maultier der Möhre Karriere hinterhergaloppierte, konnte Christian sich tagelang mit kaum etwas anderem beschäftigen als kiffen und schlafen. Und essen. Später, in den Neunzigern, wurden daraus dann Koks und Wodka im Vagabund, einer amtlichen Absturzzentrale in der Charlottenburger Knesebeckstraße. Und auf einmal klappte es auch mit den Engagements bei ihm. In einer Werbeagentur konnte er gelten. Er organisierte Events und schien aufzublühen. Parallel zur explodierenden Clubkultur der Stadt. Das E-Werk, der Tresor und das WMF wurden sein zu Hause. Er berichtete stolz, was auf den Toiletten alles getrieben wurde. Ich hielt es nie länger als bis halb zwei, zwei in den Läden aus. Ich war zu müde.

Das Kokain machte Christian fertig. Es trieb ihn vor sich her, quer durch die Stadt, mal hin zu den Dealern, mal weg von diesen Herrschaften, denen er schnell enorme Summen schuldete, fort zu neuen Touren durch die Nacht. Das Kokain löste Paranoia bei ihm aus. Er rasierte sich die Brusthaare samt Hautstreifen weg, schlierte schwarze, kryptische Zeichen an seine Wohnungswand und kauerte ängstlich hinter der Heizung, weil er fürchtete, Polizei oder Dealer könnten ihn holen kommen. Nach nur einem Jahr hatte er dreißigtausend Mark Schulden und bettelte mich ständig an. Anfangs half ich ihm noch. Er sah immer noch gut aus, obwohl er mittlerweile nur noch zwei Anzughosen hatte. Die trug er im Wechsel, mit Hosenträgern. Dazu ein zerschlissenes T-Shirt mit tiefem Ausschnitt: Shabby-Look wie aus der Illustrierten. Das Koks machte ihn gänzlich realitätsfremd. Er schwankte in seiner Selbsteinschätzung stets zwischen Sonnengott und Kellerassel. Dann stahl er im Vollsuff die Mietwagenkarte der Agentur, für die er arbeitete, ballerte mit einem 7er BMW und einer Flasche Whiskey im Turm nach Köln, wo ihn die Polizei auf der Stadtbrücke stellte. Er kam mit einer Bewährungsstrafe davon, nahm einen Kredit auf, zahlte die Dealer aus und wurde nie wieder wie vorher. Er war kalt und asozial, zu einfacher Innenschau kaum noch fähig. Er stieg auf Ecstasy um und verlor seine Wohnung, weil er nur noch Schulden abzahlen und neue Drogen kaufen konnte. Als er mich bat, für eine Weile bei mir wohnen zu können, gab ich ein letztes Mal nach. Die Regeln: »Einmal nicht tun, was du versprochen hast, und du musst gehen. Einmal besoffen und du fliegst auch.« Deal? Deal. Am 31. Dezember 1996 musste er gehen. Ich wohnte damals in Friedenau. Er war morgens um fünf nach Hause getorkelt. Eine Gangart, die auch damals schon eher in die Prenzlauer Allee passte. Ich hatte den Eindruck, ihm war alles egal. Er stopfte seine Federbettdecke und das Daunen-Kopfkissen in die Mülltonne und lernte noch in derselben Nacht B. kennen. B. sorgte sich tagsüber um Heimkinder, abends fortan um Christian. Nach drei Jahren trennte sie sich von ihm, weil sie die »schwarze Stille« in ihm nicht mehr ertragen konnte. Er renovierte ihr noch die neue Wohnung, B. zog in die Hauptstraße, direkt neben einen kleinen türkischen Friseurladen. Am 18. Juli 2000 klingelte am frühen Abend ihr Handy. Mit befremdlicher, bedrohlicher Stimme forderte Christian sie auf, genau aufzupassen, was gleich passieren würde. Es muss dieselbe Stimme gewesen sein, die ich am Abend zuvor am Telefon hatte. Er hatte mich angeherrscht, ich müsse ihm helfen. Ich sei sein einziger Freund. Ich sagte, ich sei nicht mehr sein Freund und legte auf. So auch B. Dieser Fremde machte ihr Angst. Kurz darauf hörte sie einen Knall.

Christian hatte sich zuvor aufgetankt. Kleine grüne Flaschen lagen hinter dem Fahrersitz auf dem Boden. Das hat mir sein Bruder Jahre später erzählt. »Er schien soweit ok. Hatte vielleicht zu viel getrunken. Aber er war eigentlich ganz gut drauf am Tag zuvor.« Was immer wirklich in ihm vorging – er übergoss sich noch im Wagen mit Benzin und zündete sich an. Es war kein Unfall. Laut Bericht des »Berliner Kurier« wollten Passanten ihn aus dem Auto zerren, er ließ sie gewähren, rannte dann aber brennend über die vierspurige Straße. Absurd genug, dass er nicht überfahren wurde. Ich meine, genau zu wissen, was ihn antrieb. Er wollte vor B. stehen und ihr grinsend sagen: »Sieh nur, was du aus mir gemacht hast!« Stattdessen fiel er als menschliche Fackel in den Friseurladen ein. Man versuchte ihn zu löschen. Der Rettungshubschrauber wurde gerufen und flog ihn in die Unfallklinik in Marzahn.

Zwei Stunden später saß ich neben B., die mit roten Augen auf den Boden starrte. Sie erzählte von den letzten drei Jahren. Ihr Telefon klingelte, die »BZ« war am anderen Ende der Leitung und verlangte nach mir: »Was macht ein bekannter Radio-Moderator an diesem Ort?« Ich legte ohne zu antworten auf.

Christian starb in der darauffolgenden Nacht. Hauptstraße 56. Der Ort, an dem er verglühte, weil er es so wollte; in einer Stadt, die wenig kometenhafte Aufstiege kennt. Und keiner, nicht einmal diejenigen, deren Hilfe er erzwingen wollte, konnten ihm helfen. Die Überlebenden quälen sich noch immer mit Konjunktiven. Der Erinnerung gehen wir aus dem Weg. Aber es ist nicht leicht, einen Bogen um diese Hauptstraße zu machen, wenn man von Steglitz nach Schöneberg fährt. Wir richten uns für gewöhnlich ja nicht nach den Toten, denn sie haben schon versagt. Uns steht es noch bevor. Ich kann mir aber nicht vorstellen, dass man einfach fortfährt, Haare zu schneiden an einem

Ort, an dem vor den eigenen Augen ein brennender Mensch zusammengebrochen ist.

Es gibt Orte, die zurückzulassen mir schwer fällt, die aber gleichzeitig das Fortkommen erleichtern. Dieser hier zählt nicht dazu. Weder an Ort und Stelle noch anderswo verstehe ich wirklich, warum er das getan hat. Ich schleiche zu meinem Auto, das fernab in der Ebersstraße parkt. Eigentlich eine schöne Ecke. Ich nehme mir vor, endlich mein Testament zu machen. Vielleicht reicht es ja auch, wenn ich hier schreibe, dass ich auch eine Feuerbestattung wünsche. So viel habe ich nicht zu verteilen.

Umweg: Die Goerzhöfe

Nach fünf Monaten werde ich stinkig. Mir reicht's! Wer bitte schön braucht eine Stadtgeschichte aus der Hand eines Menschen, der an Häusern so gut wie kein Interesse hat? Mit Ausnahme von Alien-Bauten vielleicht. Ständig muss man irgendwo anrufen, nachfragen, Grundsubstanz bilden. Bücher ausleihen, Korrekturen vornehmen, Streckenabschnitte ablatschen. Ich bin ein großer Verehrer von Gefühlen. Die sind eindeutig und vergänglich. Daher begegne ich lieber Menschen als Städten, führe lieber Gespräche, als mich durch Gebäude führen zu lassen. Michael Bienert, mein Schulfreund, der Stadtbilderklärer, hat mir mal gesagt, er finde die Glut in der Asche der Geschichte und puste sie noch zum Feuer hoch. Damit meinte er die langwierige, kleinteilige Archivarbeit. Ich muss tief durchatmen, damit mir nicht die Puste ausgeht. Irgendwie fühle ich mich wie damals nach den Redaktionssitzungen bei ihm zu Hause. Als ob sich nichts verändert hätte. Zwar steigt niemand zweimal in denselben Fluss, aber ich scheine Zeit meines Lebens immer dieselbe Badehose zu tragen. Grell, geblümt, zu groß. Angesichts der Größe der Stadt, selbst der Dimension meines kleinen Streckenabschnittes, fühle ich mich unangemessen kenntnislos. Das ewige Dilemma: Wann ist es endlich mal genug?

Außerdem ist meine Terrainerkundung extrem lückenhaft. Der Bierpinsel steht aus (Obwohl ich drei Mal da war, das Mistding hatte immer geschlossen. In der Zeitung lese ich später, dass die Käuferinnen seit Monaten wegen eines alten Wasserschadens mit der Versicherung im Clinch sind. Das kann also dauern.), der Titania Palast blieb bislang ungewürdigt, über die Kaisereiche werde ich kein Wort verlieren und über das Rathaus Friedenau wohl auch nicht. Hat alles nichts mit mir zu tun. »Wusstest du eigentlich, dass der Innsbrucker Platz früher ein Wendeplatz für die Straßenbahn war?«, fragt mich Holger. Ich nicke, obwohl

Wild bepinselt und ohne Bier: der öde Bierpinsel

ich es natürlich nicht wusste. Woher auch? Außerdem kann ich mich nicht an das Jahr 1907 erinnern, als die Berliner Straßenbahn zum ersten Mal die Schnittstelle zwischen den Dörfern Schöneberg und Steglitz anfuhr. Ich kann mich nicht um alles kümmern. Ferner habe ich sieben Anläufe auf zwei Kommunikationskanälen gebraucht, um in Erfahrung zu bringen, wer für die insgesamt vier unterschiedlichen Verkehrsführungskonzepte zuständig ist, die zwischen Rathaus Steglitz und Dominicusstraße den Gesamtverkehr mal so und mal so regeln. Das reicht von »einer Spur für alle Fahrzeuge und Fahrradweg oben am Rathaus Steglitz« über »zwei Fahrspuren für alle Verkehrsteilnehmer hinter der Kaisereiche« bis zu »eine Spur für Autos, eine für Busse, Rad nur auf dem Radweg auf dem Trottoir an der Hauptstraße«. Die Pressestelle der Senatsverwaltung für Stadtentwicklung wollte, dass ich meine Fragen schriftlich formuliere. Nachdem ich das erledigt hatte, teilten sie mir mit, dass das gar nicht nötig gewesen sei. Man habe gedacht, ich brauche einen Gesprächspartner, der vor Kamera oder Mikrofon Rede und Antwort steht. Ich frage mich, wie man in einem ausdrücklich erwähnten Buch Kameras und Mikrofone verstecken kann, freue mich aber über die schriftliche Erlaubnis, mich direkt an die Fachabteilung wenden zu dürfen. Nachdem ich die ausfindig gemacht habe, möchte man dort eine Kopie der schriftlichen Fragen und der Erlaubnis, dass ich mit ihnen sprechen darf. Die sende ich zu, spreche mit ihnen und erfahre, dass ich bei der falschen Fachabteilung gelandet bin. Ei, das macht Spaß. Der nächste Fachbereichsleiter ist verreist und am Ende vom Lied spreche ich mit einer Dame, die mit ebenso viel Sachverstand wie Nonchalance meine Riesengeschichte auf Ameisengröße eindampft. Immerhin passiert was. Zum absterbenden Teilstück zwischen Innsbrucker Platz und Dominicusstraße sagt sie: »Die Busspur ist auf diesem Abschnitt unumgänglich. Zu viele Linien, zu viele Passagiere. Zwanzig unterschiedliche Busse pro Stunde zu Spitzenzeiten. Und unterschätzen Sie die Macht der Bezirke nicht: Wenn da ein großes Gewerbe käme und Parkplätze fordern würde, ginge das bestimmt. Außerdem: Je mehr Geschäfte sich gen Kreisel hin versammeln, desto schwerer haben es entfernter liegende Gewerbetreibende. Ich kann ja die Anlieger verstehen. Aber ich glaube nicht, dass es nur an der Busspur liegt! Oder an den fehlenden Parkplätzen.« Vorbei sind meine Ambitionen, einen ganzen Straßenzug vor dem Untergang zu retten. Also marschiere ich wieder los in die weite Welt.

Tapferer kleiner Simplicissimus, kehre zurück an die Stätte deines ersten unternehmerischen Erfolges. Und siehe da, Wunder was! Nichts und niemand erinnert an den großen Hilfsbetriebswirt, der einst dort zusammen mit seinem guten Freund Robert eine Multimediaagentur aus der Taufe hob.

Stille. Es herrscht wenig Leben auf den Goerz-Höfen. Sie sind zugeparkt, aber in den Fenstern sieht man kaum Menschen. Ein paar Etagen scheinen ungenutzt. An der Wand einer Werkstatt auf ebener Erde hängen vier vergammelte Leichen. Sie sind mit Stricken an den Handgelenken gefesselt. Menschen in kurzen Hosen und Röcken starren auf einen aufgespießten Kuhkopf und ein Mann in blauem Kittel schlurft durch diesen Saal voller Monster. Die Tür steht auf an diesem heißen Augusttag und ich sehe eine junge Frau, die winzige Tonkügelchen unter den Augen eines medizinballgroßen Vogelkopfes aufträgt. Auf einer Seite des Gesichtes hat er schon Ringe unter den Augen, die ihn alt und misstrauisch aussehen lassen. Es ist die Werkstatt der Firma Chris Creatures Filmeffects in einem der entlegeneren Höfe des denkmalgeschützten Ensembles. Standbilder eines zukünftigen Horrors. Viele Architekten haben sich hier eingemietet. Die Zentrale der Biocompany ist da, Aikido, eine Tanzschule und eine »Danceacademy«.

»Da staunen viele nicht schlecht, wenn hier Christina Aguilera über den Hof läuft«, sagt mir Matthias Zipser am Telefon, der Verantwortliche für Gewerbeimmobilien von Becker und Kries, einem der größten Immobilienplayer der Stadt. Stars und Sternchen probten hier für ihre Auftritte. Überhaupt sei der Trend eindeutig: »Mitte ist voll, teuer und überlaufen. Viele wollen zurück in den Westteil.« Gewerbegezeiten: Mal ist im Westen Ebbe, dann flaut es im Osten ab. Schwer zu sagen, wie viel davon werbliche Wortwahl und was wishful thinking ist. Zipser sagt auch, dass der Rumpfbau des Steglitzer Kreisels (Hotel, Globetrotter und Parkhaus) gewinnbringend betrieben

Wer hier arbeitet, denkt ganzjährig an die denkmalgeschützte Einfachverglasung …

werde. Die Broschüre des Bezirksamtes spricht von Verlusten. Zum Gelingen einer Einkaufsstraße trage die Knochenformation bei. Knochenformation? »Vorne und hinten richtig was zum Reinbeißen, in der Mitte darf's auch mal etwas dünner werden!« Verstehe: Er spricht vom Schloss und von Primark. Vorne wie hinten lockt da etwas Herausragendes.

Becker & Kries besitzt das denkmalgeschützte Ensemble der Goerz-Höfe seit 1961. Es ist eines der imposantesten dieser Areale in Berlin, da hat die Werbebroschüre recht, ein Industriestandort aus der Gründerzeit. Baubeginn war 1892 auf freiem Acker im Dorf Schöneberg. Die Firma Goerz Optische Geräte expandierte vor allem als Zulieferer für das Militär. 1912 arbeiteten zwölftausend Menschen für die Aktiengesellschaft.

Berechtigter Besitzerstolz

Ein Bautrakt nach dem anderen entstand. Angesichts des futuristischen Glasmetallturmes muss ich immer an die berittene Schweizer Gebirgsmarine denken, denn es scheint mir ähnlich widersprüchlich, dass dort oben Periskope für die ersten deutschen U-Boote getestet wurden.

Es ist eine Kunsthistorikerin, die mich darauf hinweist, dass man an den Bautrakten auch den Fortschritt in der Bauweise erkennen könne. »Vom ursprünglichen Klinkerbau zur Stahlbauweise, das können Sie alles dort sehen!«, sagt mir Frau Dr. Susanne Willen. Sehen? Na ja, ich kann es zumindest aufschreiben. Wie offenbar jeder intime Berlin-Kenner kommt sie nicht aus Berlin. (Das lässt auch für mich hoffen.) Sie ist Kölnerin und arbeitet für Denkmalsämter der Bezirke und auch der Stadt. Zu unserem Treffen im Literaturcafé in der Fasanenstraße hat sie mir einige ihrer Broschüren mitgebracht. Hier verdichtet sich der Eindruck, dass die Römer recht hatten: vita brevis, ars longa. Das Leben ist kurz, die Kunst aber bleibt. Weil sie lang ist. Zeitlose Schöngeistigkeit umweht die Tische im Freien. Ich hoffe, dass das Fluidum der Kunst auch auf mich abfärbt. »Wenn Sie sich mal die Fassade des Rathauses Friedenau ansehen, was sehen Sie da?« Sie hält mir das schmale Heftchen hin, das sie im Auftrag des Bezirksamtes Tempelhof-Schöneberg verfasst hat. Ich denke: Hässlicher Klotz! und sage: »Nichts Schönes.« Sie dreht das Heft um. »Das Rathaus wurde im Krieg stark beschädigt und dann im Geist der fünfziger Jahre wieder aufgebaut. Den Mitteln und architektonischen Idealen der Zeit entsprechend. Diesen Wandel zu dokumentieren, das finde ich ungeheuer spannend!« Die sogenannten »Neugestaltungsmöglichkeiten« jener Zeit sind offenbar auf das Vorzüglichste geeignet, selbst aus Schloss Neuschwanstein einen unansehnlichen Quader zu machen. Nur sprengen ist schlimmer. Pittoreske Türme, Fachwerkeinlagen, Zierfiguren, Giebelfelder, Erker und Stuck – rattatazong: alles weg.

Später lese ich in der Broschüre, wie der architektonische Urheber des Rathauses, Baurat a.D. Hans Altmann, erst Sturm lief gegen die architektonische Rosskur und später dann kaltgestellt wurde.

Frau Willen benutzt oft das Wort »spannend«. Ihre Hefte sind es jedenfalls. Nüchtern im Ton und erlesen im Detail trägt sie Schicht für Schicht zusammen und rekonstruiert Gestaltungsprozesse. Sie freut sich, wenn sie ein Foto findet, das noch nicht veröffentlicht wurde. Dichter kommt man kaum an eine Zeitmaschine heran. Frau Willen lebt mit ihrem Mann und den beiden Kindern in Friedenau. Auch das Gymnasium ihrer Zöglinge hat sie in einer Broschüre verstoffwechselt. Ich beschließe, mehr von diesen Heften zu lesen, die man über die Bezirksämter beziehen kann. Besser als irgendwelche blöden Eifel- oder Katzenkrimis. Im Geiste münze ich die neu gelernten Fakten aus dem Gespräch schon in bildungsbürgerliche Bonmots für Holger um: »Wusstest du eigentlich, dass der Architekt des Rathauses Friedenau auch verantwortlich war für die wichtigsten Schulbauten des Bezirks?« Gerne würde Frau Willen die Entstehung der industriellen Friedenauer Bauten – die Goerz-Höfe und die Askanierhöfe in der Bundesallee, wo man uranfänglich auf Zeitmessung und Navigation spezialisiert war – eingehender dokumentieren. Aber es fehlt an Geldgebern für ein so aufwändiges Unterfangen. Becker & Kries ist vor allem an werbewirksamen, weniger an historischen Materialsammlungen interessiert. Schwarz-weiß zieht nicht. Ich frage mich, was da noch alles in den Archiven schlummert. »Spannend!« würde Frau Willen sagen.

Ihr erstes Büro hatte sie in den Neunzigern in den Goerz-Höfen. Wie ich. Und im Zen-Dojo, das ist ein Übungsraum, war sie auch. Wie ich. Man nutzt einen Ort nicht nur einfach, man verleibt ihn sich auch ein und wird durch ihn seinem Wesen entsprechend verändert.

Die Goerz-Höfe waren sowohl spirituell als auch ökonomisch eine wichtige Anlaufstelle in »meinem« Berlin. Auch wenn ich darüber bislang so nie nachgedacht habe. Überhaupt wird Nachdenken ja meist mit automatischer Gedankenreaktion verwechselt. So wie ich auch nicht wenige kenne, die Denkfaulheit mit Geistesruhe verwechseln. Ich finde, ich war genauso damals in den neunziger Jahren, als die Goerz-Höfe in mein Leben traten. Damals hatte ich mir die Grundannahme zurechtgelegt, dass alles irgendwie gleich ist und wenn nicht, dann muss es planiert werden. Aufwühlende Gedanken sind nicht erwünscht und so wird jede Differenz dem Erdboden gleichgemacht. Auf Normalnull nivelliert. Dies betrifft vor allem Religionen. Letzten Endes, sagen die Denkfaulen, wollen alle Religionen das gleiche. Absolut gesehen. Allah, Gott, Shakti, Erleuchtung, alles das gleiche? Ich halte das, von meiner heutigen relativen Warte aus gesehen, für absoluten Blödsinn. Allein schon erkenntnistheoretisch betrachtet, denn ein absoluter Standpunkt kann nicht aus relativer Perspektive beurteilt werden. Und die wenigen Glaubhaften, die eine spirituelle Erfahrung mit Einblick oder Ausblick in das Absolute hatten, predigen nicht hier mal ein bisschen Islam, da mal ein wenig Hinduismus. Das ist verkiffter New-Age-Nonsense wie ich ihn insbesondere aus Amerika und Europa der neunziger Jahre kenne und teilweise selbst vertreten habe. Lala-Land.

Für mich ist seit meinem Abitur klar, dass ich das Rätsel, warum ich hier auf diesem Planeten zu dieser Zeit als Mensch rumwese, selbst lösen muss. Das ist so in mir angelegt. Glauben ist nichts für mich. Vertrauen schon. Deshalb bin ich Buddhist geworden. Die Untersuchung, was wahr und wirklich ist, und zwar im absoluten Sinne, liegt mir. Die volle Erweckung der eigenen Möglichkeiten erst recht. Die passende Lehre und den passenden Lehrer zu finden, war jedoch nicht leicht, weil ich zwar eine klare Wunschvorstellung von Buddhismus hatte, aber keine Ahnung, wie es wirklich ist. Aus reiner Denkfaulheit und mangels Erfahrung. Wie gerade erwähnt.

Als ich 1993 nach zwei Monaten aus Japan wiederkam, hatte ich eine Glatze, die man mir in einem Zen-Kloster geschoren hatte. Bevor ich mir mit dem Rasierpinsel die Stoppellandschaft einschäumte, hatte ich noch geglaubt, es würde mir nichts ausmachen, auf meine Haare zu verzichten. Ich dachte, es wäre lustig. Aber ich hing an dem Zeug auf meinem Kopf mehr als mir bekannt war. Als ich im Shinkansen von Hiroshima nach Tokio fuhr, trug ich eine Mütze, um die Blicke der anderen nicht auf mich zu lenken. Ich hatte das Gefühl, mangelhaft zu sein. Hässlich. Freddy Krüger auf Asienreise. (Die Glatze als Standardfrisur wurde durch die öffentlichen Klangerreger Right Said Fred und auch Popikonen wie den Sänger der Christians verbreitet. Sie setzten die haarlose Propaganda von Telly Savallas alias Kojak fort, der 1994 verstarb. Na gut, und the Master of them all: der russisch-mongolische-schweizerische Superstar Yul Brunner, gestorben 1984.) Als ich im November 1993 wieder durch Berlin stiefelte, schämte ich mich zusätzlich, dass ich nur einen knappen Monat im Kloster ausgehalten hatte. Was sollte nur aus mir werden, jetzt wo ich als japanischer Spitzenmönch versagt hatte? Also probierte ich es weiter. In den Goerz-Höfen, Aufgang C, 6. Stock.

Zen ist nichts für Menschen, die gerne beim Joggen entspannen. Man sitzt ungefähr zwei mal zwanzig Minuten, geht dazwischen bedächtigen Schrittes eine kleine Runde und ist ansonsten damit konfrontiert, dass der Körper schmerzt und der Geist ein Unterhaltungsprogramm bietet, das mal einer peinlichen Doku-Fiction auf RTL2, mal einem zähen Schwarz-Weiß-Schinken mit überholter Dramaturgie und absurd überzogenen Charakteren gleicht. Unterbrochen von endlosen Werbeblöcken für Millionen Nutzlosigkeiten. Angesichts dessen, was in der Zen-Praxis angestrebt wird, ist jede feste Vorstellung eigentlich eine Unterbrechung, eine Ablenkung, ein Störsignal.

In Japan hatte ich mich immer gefreut, wenn morgens ein Vogel tirilierte oder Regen auf das Dach prasselte. Hier, im Zen-Dojo in den Goerz-Höfen, war nur ein sehr fernes, grobes Rauschen der Großstadt vernehmlich. So weit oben, im der Rheinstraße zugewandten Vorderhaus, fiel mir noch ein Unterschied auf, den ich bislang ignoriert hatte. Während im Kokusai-Zendo alle Praktizierenden in säuberlich arrangiertem, stets gleichem Abstand auf ihren Kissen sitzend dem Raum zugewandt waren, starrten wir hier die Wand an. Die Konzentration auf den Atem war gleich, aber warum das kalkige, porige Weiß begutachten wie ein Schüler, der mit Eselsmütze in der Ecke seine Strafe verbüßt? Das gefiel mir nicht. Sehr gerne hingegen mochte ich es, wenn das Herz-Sutra rezitiert wurde. Zum Takt eines Stockes, der auf Holz schlug und einen trockenen, unpersönlichen Klang hervorbrachte: »Gate gate Pāragate Pārasamgate Bodhi svāhā«. Ich hatte keine Ahnung, was das bedeutet. Als ich es aber das erste Mal mitsang, wusste ich, dass ich endlich auf das erhoffte transpersonale Große gestoßen war; etwas, für das es sich lohnte, seine alten Vorstellungen aufzugeben. Es ist das Mantra, mit dem der Wunsch ausgedrückt wird, dass alle Wesen Erleuchtung und die damit zusammenhängende unbegrenzte, zeitlose Freude erleben. Ich kannte den Unterschied zwischen den unterschiedlichen Zen-Schulen wie Soto und Rinsai nicht. Shingon-Buddhismus schon gar nicht. Ich ahnte nicht einmal, dass Buddhas Lehren für unterschiedliche Schüler höchst unterschiedliche Wege bereithalten, die in der Binnen- wie Außenwahrnehmung schier gegenteilige Mittel nutzen. Und unter Karma verstand ich einen gigantischen unsichtbaren Sack, der einen zu Boden drückt und so lange mit sich rumgeschleppt werden muss, bis der Sack freiwillig aufhört schwer zu sein. Ich verwechselte meine Vorstellungen von der Wirklichkeit mit der Wirklichkeit. Außerdem sah ich in meinem Nachbarhaus oft einen offenbar fortgeschrittenen Zen-Schüler desselben Dojos, der sich schon früh morgens, wenn ich mich gerade zum Bäcker schleppte, ebenso zackig wie flüssig von seinem alten Rad schwang und es wieder anschloss. Er hatte schon eine Stunde meditiert, bevor ich mir überhaupt die Zähne geputzt hatte. Ich war mit Sicherheit der schlechteste Buddhist, den die Welt jemals gesehen hatte. Ich litt beim Stillsitzen wie ein Hund, der ständig fürchtet, dass Herrchen ihn für unerlaubtes Fressen ebenso prügelt wie fürs Einkuscheln im Körbchen. Ich konnte noch nicht verstehen, dass genau dies die Quelle allen Leidens ist: die eigenen Gedanken und Gefühle für wirklich zu halten, an ihnen zu haften und von ihnen durch die Manege gezerrt zu werden wie ein erbarmungswürdiger Tanzbär am Nasenring. Bis zum bitteren Ende.

Ich konnte den Frust und den Widerwillen gegen meine eigenen inneren Vorgänge kaum ertragen und blieb folglich dem Zen-Dojo fern. Entsprechend ahnungslos blieb ich die nächsten zehn Jahre. Dafür stürzte ich mich ins Berufsleben. Ich wollte mich neben dem Radio als Geschäftsmann erproben. Irgendwas würde schon gelingen oder zumindest eine Herausforderung darstellen und Ergebnisse zeitigen. Dafür musste ich, wie sich herausstellte, nur einen Hinterhof weiter ziehen. Ich nahm noch einen kurzen Umweg über Potsdam-Babelsberg, wo die Radiostation Fritz hauste, bis ich schließlich zu Radio eins wechselte. Zusammen mit Robert Skuppin, dem Mann, mit dem ich bis heute mehr Zeit verbracht habe als er oder ich jemals mit einer Freundin. (Derzeit bemühen wir uns, das wieder wett zu machen!) Uns einte der Wunsch, über die bestehenden strukturellen und inhaltlichen Möglichkeiten des Senders hinauszugehen. Wir träumten von einem global operierenden Radio-Imperium, waren aber auch bereit, die stets unerträgliche Radiowerbung zu verbessern. Beiläufig, versteht sich. Wir gründeten eine Firma, die »Apparat Multimedia GmbH«, und bezogen ein Zimmer in einer Marketingagentur, im zweiten Hinterhof der Goerz-Höfe. Heute hat der deutsche Verein für Versicherungswissenschaften seine Bibliothek in den Räumen. Nicht ganz so spannend, würde ich sagen.

Unser erster Kunde war ein Bowlingcenter. Kein Global-Player, aber immerhin überregional. Wir hatten zwanzig Sekunden für den Werbetrailer. Länger durfte der Spot nicht dauern. Werbezeit ist teuer. Ganz schön wenig Zeit, fanden wir. Irgendwie war doch alles nicht so leicht. Wir texteten einen Sprechrefrain, der im Hintergrund immer wiederholt wurde: »American Food, American Drinks, American Bowling.« Wir engagierten einen Sprecher, dessen Amerikanisch so überzogen klang wie das eines hyperaktiven Teenagers, der sich an zwei heißen Kartoffeln im Mund abarbeitet. Aber das war uns egal. Ohnehin hatten wir die schwerste Probe schon bestanden. Der »Kunde« hatte uns nämlich angerufen und einen KVA verlangt. »KVA?« Ja, KVA, der müsse bis zur KW 37 da sein. Ich hielt den Hörer in der Hand und drehte mich zu einem Mitarbeiter der PR-Agentur um, bei der wir uns eingemietet hatten. Ich hielt die Muschel zu. »Was ist ein KVA?« Der sah mich an, als hätte ich ihn gerade gefragt, wie das gelbe Dingsda heißt, das morgens auftaucht und nachts verschwindet. (Sonne) »Kostenvoranschlag!«

Die Firma wuchs. Wir produzierten Hörfunkwerbung, Hörbücher und Radio-Formate. Hier und da waren wir auch beratend tätig. Als eines Tages die große Schauspielerin Marianne Hoppe in unserem geräumigen, fensterlosen Konferenzraum Platz nahm, um in der Mittagspause Cannelloni vom Italiener gegenüber zu essen, dachte ich, wir seien auf dem besten Wege ganz nach oben. Marianne Hoppe las in unserem Studio Thomas Bernhard ein, »Der Stimmenimitator«. Eine der Geschichten heißt »Höhlenforscher«. Darin wird ein ums andere Mal eine Rettungsexpedition ausgeschickt, die die vorherige Expedition retten soll und dann selbst gerettet werden muss. Schließlich wird die Höhle zugemauert. Keiner wird gerettet. Alle gehen verloren.

Was bei Bernhard böse und paradox klingt, schwang lange nach: Den zwangsläufigen Widrigkeiten des Irdischen kann man nicht entkommen. Die Welt erschien mir immer wieder trostlos, das geschäftliche Treiben sinnlos, und es fiel mir schwer, mir das Jammern zu verkneifen. Plan B sah operative Hektik und die Umbenennung in Plan A vor. Wir strampelten uns beruflich tüchtig ab. Ein Freund nannte uns spaßeshalber »Weltkonzern mit Herz«. Wir waren inzwischen zu siebt und es wurde uns zu eng in der Marketingagentur. Mittlerweile organisierten wir auch Events. Wir brauchten Stellplatz und getrennte Räume für die unterschiedlichen Geschäftsbereiche. Ich sah im Internet nach. Ganz was Neues, das Internet. Dort arbeiteten jetzt all jene Geschäftspartner, die zwar nur knapp halb so alt waren wie wir, aber zehn Mal mehr Kapital hatten. Bei manchen Geschäftsessen fuhren die Dotcomheinis mit einem Porsche vor. Ich spie im Strahl vor uneingestandenem Neid. Sie verschwanden alle wieder so lautlos wie ihr Venture-Capital. Ich tröstete mich damit, zu ahnen, wie weh es tut, auf dem Weg bergab nicht bremsen zu können. Da nutzt auch aller Triumph auf dem Gipfel nichts. Ich radelte durch die Gegend und suchte einen neuen Firmensitz. Alles Gute liegt schließlich so nah. Den Aufgang C im Vorderhaus, das Zen-Dojo in den Goerz-Höfen hatte ich längst vergessen. Ich dachte schlichtweg nicht mehr darüber nach, was oben unterm Dach praktiziert wurde. Ich wollte keinen Sencha- oder Bancha-Tee. Ich wollte Champagner – und vergaß, dass ich eigentlich am liebsten Bier trinke.

Das war auch schon in den Achtzigern so, zu einer Zeit, als aufgearbeitete Wehrmachtsmäntel, auf Jackenlänge verkürzt und schwarz eingefärbt, als »spitzenmäßige« Speerspitze des Alternativseins galten. Allem wurde damals der Appendix »-mäßig« verpasst. (»Was gibt es heute essensmäßig?« »Rein wissensmäßig keine Ahnung!«) Mäßig war auch der Spaß, den ich in den Achtzigern hatte. Falcos Bonmot »Wer sich an die Achtziger erinnern kann, hat sie nicht erlebt!« traf auf mich nicht zu. Ich war zu sehr damit beschäftigt, meine ungeheuren Ansprüche an alles, jeden und mich an das spärliche Selbstwertgefühl anzupassen. Und das ging nur mit Disziplin, Fleiß und langen Entlastungselogen. Nicht mit Dauerparty. Erst quälte mich die unpersönliche Uni, dann wurde der Berufsanfang als Radioreporter beim SFB ein einziges Auf und Ab. Die ersten Redaktionssitzungen beim sfbeat erlebte ich als Dreckspatz, der zwischen den Beinen der Großen herumhüpft, um ein paar Brotkrumen aufzulesen. Immer in Gefahr, zertreten zu werden. Erfolge waren nicht absehbar. Ich erinnere mich an dieses Lebensgefühl aus Trotz, Kampfgeist und Selbstzweifel urplötzlich, als ich im Spätherbst des Jahres 2013 die überaus eleganten und filigranen Rennräder der Marke Pasculli bestaune. Schlagartig kommt mir in den Sinn, dass ich diesen Ausstellungsraum kenne. Genau aus dieser Zeit. In dieser Halle der Goerz-Höfe war früher die Discothek Music Hall. Ein »hochakutes Szenelokal«, wie der »Spiegel« 1987 schrieb. Doch der Reihe nach.

Erst mal zu diesen prächtigen Rädern aus der Schmiede Pasculli. Noch besser als Koga Miyata, die Holländer. Ein radbegeisterter Oboenspieler der Berliner Philharmoniker und ein Radsporthändler hatten sich Mitte der nuller Jahre zusammengetan und produzierten maßgerechte Rahmen und Zubehör. Männer träumen offenbar immer vom optimalen Material. Sie hatten Erfolg, die Marke wurde ein Begriff, den man sich auf dem Kronprinzessinnenweg bei fünfunddreißig Stundenkilometern atemlos von Sattel zu Sattel zuschrie. Der Name passt. Antonio Pasculli jagte die Oboisten offenbar ebenso schnell die Tonleitern hoch und runter wie die Bergetappen Radrennfahrer schnaufen lassen. Kein Wunder, dass ich den Musiker Pasculli vorher nicht kannte, so schnell wie mir am Berg immer die Puste ausgeht. Außerdem soll Pasculli eine echte Sauklaue gehabt haben, die auch seine Noten schwer lesbar machte. Wohl so, als würde er schreiben, während er auf einem Drahtesel über Kopfsteinpflaster holpert. Die Räder indes sind extrem leicht, die Rahmen millimetergenau auf die Körpermaße des Fahrers abgestimmt, das Material ist von allem das Beste. Zudem sind die Räder robust und von ausgesuchtem Design. Jedes Rad ein Unikat; und zwar ab dreitausend Euro. Und nochmal für alle, die noch auf einer rostigen Gurke aus den Siebzigern durch die Gegend kurven: Es ist wie der Unterschied zwischen Schneebesen und Stabmixer.

Erst als ich mich in diesem Tempel an den hochwertigen Drahteseln sattgesehen habe und mein Blick auf die Deckenschienen für Winden oder Motoren fällt, erinnere ich mich, was die ehemalige Maschinenhalle einmal beherbergte. Das sind schöne – weil erfüllende – Momente, wenn etwas dem Vergessen entrissen wird und voll erinnerlich innerlich wieder strahlt. Interessant ist, dass diese »Bilder« eigentlich nicht zwingend »bildlich« sind. Das Wissen ist da, ohne dass man es »sieht«. So wie jeder weiß, wie seine Wohnung »aussieht«, ohne zwingend den Grundriss, Konturen oder Möbel vor Augen zu haben.

Auf meinem »Bild« der Music Hall ist es stockdunkel. Ich meine, mich vage daran erinnern zu können, dass ich dort das erste Mal »Bela Lugosi's Dead« von Bauhaus gehört habe. Würde jedenfalls passen. Die Tanzfläche aus quadratischen Metallplatten taucht am Boden auf. Alle rauchen. Ich auch. Alle trinken Bier. Ich natürlich auch. Es war zu einer Zeit, als man noch nicht auf dem Weg zum Venue mit Alkopops vorglühte, obwohl die damaligen Dieselmotoren genau das noch erforderten: vorglühen. Stocknüchtern stand ich mit einem Bier in der Hand in der kleinen Diskothek, als ich auf einmal Strapsharry sah. Ein Mann mit – eigentlich für Taxifahrer typischer – Lederweste und roten Strapsen. So taucht er in meiner Erinnerung auf. »Schulterlange weiße Haare, rote Kinderstrümpfe an Damenstrumpfbändern und darüber eine Turnhose«, so erinnert ihn der besagte »Spiegel«-Artikel und erwähnt, dass Strapsharry zu diesem Zeitpunkt sogar der Besitzer der Music Hall gewesen sei. Das war mir neu. Hingegen wusste ich, dass Strapsharry eines von drei sogenannten West-Berliner Originalen ist, die mich bei den ersten Begegnungen eher schreckten als anzogen. Freunde wurden wir nie. Sie waren mir zu viel, diese exaltierten Wesen. Anders als der Hauptmann von Köpenick oder Eckensteher Nante, die still als Denkmal ihrem geregelten Dasein nachgehen, waren die anderen Herrschaften lebendig. Da war zum einen die Nachtigall von Ramersdorf, mit bürgerlichem Namen Friedrich Steinhauer. Ein Schauspieler, der in München-Ramersdorf trällernd gestartet und krächzend im Berliner Nachtleben gelandet war. Kleinste Höhenflüge feierte Steinhauer unter den Fittichen Rosa von Praunheims. Mag sein, dass sein Wirken anfangs noch erbaulich war, doch davon habe ich nie etwas mitbekommen. Besuche in einschlägigen Restaurants nahm ich erst in den Neunzigern auf. Und als ich am Savignyplatz abends vor meiner Dorade saß und seinen Moritaten lauschen musste, fürchtete ich ihn intuitiv, weil ich den Zorn nicht mochte, der in mir hochstieg, sobald er sang. Jeder weiß doch: Barden gehören an Bäume gebunden und nicht in Bars. Die Nachtigall zu hören, war eine Qual, und sein aggressives Verhalten, wenn bei Sammlungen in Lokalen nicht genug zusammenkam, machte ihn zu einer Quelle des Fremdschämens. Wehe, man mochte ihn nicht. Als ich ihn einmal weder ansah noch entlohnte, stellte er sich vor meinen Tisch und klärte die Welt lauthals über mein mangelndes Kunstverständnis auf. Gemildert wurde dieser Eindruck nur durch das offenkundige Elend, in dem er sich mehr und mehr verlor. Wer konnte, tat so, als sei die Nachtigall nicht da.

Ganz anders Helga Goetze. Jahrein, jahraus begegneten wir ihr tagsüber an der Gedächtniskirche, wo sie in bunter Kleidung auf selbstgemalten Plakaten ihre grundsympathische Botschaft hochhielt: »Ficken ist Frieden!« Das war zu einer Zeit, als das Wort »ficken« noch nicht in meinem aktiven Sprachgebrauch war und wir kichernd und glucksend mit »geil« rangen. Ihre Gedichte und gestickten Bilder habe ich nie gesehen, auch ihr »Haus für Sexualinformation« nie betreten. Wie ich den verbliebenen Aufzeichnungen online heute entnehme, galt sie als halbwegs ernstzunehmende Künstlerin. Es bleibt mir ein Rätsel, wie und wovon sie lebte. Ganz anders liegt der Fall bei Strapsharry, mit bürgerlichem Namen Harry Troste. Ein schwuler Travestiestar, der der Legende nach in jungen Jahren bei einem Klassenausflug völlig durchnässt in einer brandenburgischen Schenke unterschlüpfte. Dort wurden alle Mann, äh Männchen von der Wirtin mit trockenen Kleidungsstücken bedacht. Für Harry blieben angeblich nur noch Seidenstrümpfe. Er nahm sie dankbar an, wurde trocken gelegt und seine feuchten Träume kreisten fortan auch um Spitze. Das war noch vor dem Krieg. Strapsharry hat in seinem siebenundneunzigjährigen Leben eine schwungvolle Achterbahnfahrt als Unternehmer hingelegt: Kellner, Restaurantbesitzer, Lebensmittelfabrikant, Travestiestar und Tätigkeiten als Kulturschaffender in Bars, Clubs und Diskotheken wechselten in erregend schneller Folge. Die Millionen auf seinem Konto verschwanden, wie sie kamen. Ich wusste damals in der Diskothek noch nicht, dass er auch der Betreiber eines einst für mich sagenumwobenen Ortes war: des

Autodroms an der Koch-, Ecke Wilhelmstraße, wo unsereins auch ohne Pappe Auto fahren konnte. Es war mein juveniles Traumland: Meine Vorstellung von einem Besuch kreisten um zerbeulte Wagen, mit denen man in aller Ruhe gegen Reifentürme rumpeln konnte, um anschließend mit durchdrehenden Rädern zu beschleunigen und Kontrahenten zu rammen. Aber ich kannte keinen, der schon mal dagewesen war. Und den Besitzer erst recht nicht. Zu teuer. Außerdem war es weit weg. Kreuzberg, nicht mein Revier.

Strapsharry kam also nach seinem Auftritt geradewegs in gewohnter Uniform auf mich zu; im Schlepp eine Entourage aus Jüngelchen, denen er offenbar in jeder Hinsicht den Weg ebnete. Ich ging ihm aus dem Weg und verschwendete keinen Gedanken mehr an die Music Hall. Bis zu diesem Tag im Fahrradladen.

Es nieselt, als ich nach Hause fahre. September. Ich höre The Boxer Rebellion und bestaune mein eigenes Wohlergehen. Was für ein Glück, dass ich gesund und frei bin. In diesem Land, in dieser Stadt, zu dieser Zeit lebe. Jetzt. Manchmal überkommt mich solche Art von Dankbarkeit. Auf dem Fahrrad kann ich sie nicht teilen. Weit und breit keine Freaks. Bin ich heutzutage einfach viel weniger unterwegs und dann auch immer nur in Läden, die allein meinesgleichen bewirten – oder gibt es wirklich weniger Originale? Mir fallen nur schräge Typen ein, keine Exzentriker, nur solche, die offenkundig entrückt sind. Oder krank. Der Schreihals am S-Bahnhof Friedrichstraße, der den ganzen Tag vor Wut rumbrüllt. Meine Lektorin hört da offenbar noch genauer hin und meint, er rufe auf Spanisch die Revolution aus. Auf dem Ohr bin ich taub. Oder Stephan, der U-Bahn-Poet, ein winziger Knochenmann, den alle für eine Frau hielten und der seine Texte für zehn Cent verkaufte. Er war bis auf das Skelett abgemagert, hatte sich wie ein Fliesenleger Schaumstoffpolster zum Schutz seiner Knie- und Ellenbogengelenke gebastelt und sprach mit der Fistelstimme eines Vierzehnjährigen. Ich fürchte, ich weiß, warum ich ihn lange nicht mehr gesehen habe. Ein Nachruf im Netz aber findet sich nicht. So oder so würde Stephan die Tatsache gefallen, dass sich seine Spuren verloren haben. Die »taz« zitierte ihn in einem rührenden Artikel 2002 mit den Worten: »Ich will gar nicht, dass irgendjemand etwas Nettes über mich denkt. Wenn ich Leuten überhaupt erst mal das Gefühl gebe, ich bin nichts, gar nichts und noch weniger als nichts, dann brauche ich keine Angst zu haben, jemanden zu enttäuschen.« Er war sehr erfolgreich in seinem Bemühen, zu verschwinden.

Andere sind da auffälliger: der Kippensammler z. B., der Passanten anstarrt wie ein wütender Stier nach der Lobotomie, während er von einem Fuß auf den anderen tritt wie ein Pinguin mit Hospitalismus. Mehr wildes Tier als Mensch dem Anschein nach. Ich treffe ihn an allen möglichen Ecken in Charlottenburg. Immer raucht er wild saugend an Kippen, die er aufgelesen hat. In meinem Kiez wohnt, nein: schleicht auch eine sehr umfangreiche, mit vielen, teilweise lumpigen Schichten bekleidete Frau durch die Gegend, die ihr filziges Haar mit zahlreichen Bändern, Schleifen und Kunsthaar zu einer meterlangen Schleppe verlängert hat. Manchmal sitzt sie auf der Mittelinsel der Kantstraße, trinkt billige Limonade aus einer großen PET-Flasche, umgeben von ihren schmutzigen Haaren wie von einer Boa constrictor. Sie scheint die Abgase der an- und abfahrenden Wagen an der Kreuzung zur Fußgängerzone genussvoll zu inhalieren. Ich habe sie oft gesehen, wie sie ihren langen Haarwurmfortsatz auch auf dem Fußgängerüberweg einer Straße ablegt und zusieht, wie die rechts abbiegenden Autos darüber hinwegrollen. Sie blickt dabei, als schäme sie sich, öffentlich ihre sexuelle Erregung zur

Schau zu stellen, die sie entweder vorgibt zu haben oder in dieser erotischen Ersatzhandlung wirklich erlebt.

Vorgestern saß sie auf einer Bank, die ein Friseur vor seine Stube gestellt hat. Sie spielte an ihrem Haar, während sie dem Verkehr nachsah. In meinen Augen gleicht sie der Loreley. Sowohl der Felsen als auch die sagenhafte Nymphe werden Loreley genannt. Diese Berliner Version betont allerdings eher den massiven Aspekt der Fels-Frau-Formation. Auf vorbeiziehendes Volk hat sie aber eine ähnlich richtunggebende Wirkung wie die Lady mit Kamm: Zog die am Rhein Kauernde die Schiffer in ihren Bann und damit gegen den Felsen, zwingt die Berliner Variante Mütter mit Kinderwagen zu einem weiten Bogen. Man sieht ihre Andersartigkeit schon aus der Ferne. Textzeilen huschen durch mein Bewusstsein: »When I think of Lorelei, my head turns all around …« »Lorelei« war eine Single der Chicagoer Band Styx. Sie erschien 1976, in dem Jahr, in dem ich nach Berlin zog. Auf geheimnisvolle Weise ist alles mit allem verbunden. Ich bin gespannt, wann die Schlangenhaarloreley ihren nächsten Auftritt in meinem Leben haben wird. Vielleicht sollte ich sie mal ansprechen? Vielleicht hat sie als Kind immer wieder Rapunzel gelesen und wartet jetzt darauf, dass jemand die Gelegenheit beim Schopfe – hoho! – packt, um in ihr beschädigtes Dachstübchen vorzudringen? Vielleicht aber auch nicht. Die Band Styx veröffentlichte 1980 übrigens auch eine Single namens »Boat on a River«, die sämtliche Mädchen in der Teenie-Disco Pop Inn hinter dem U-Bahnhof Schloßstraße in Scharen auf die Tanzfläche trieb. Allen voran meine geliebte Stephie, die das Lied aufgrund einer Verwechselung von Gitarre mit Balalaika »mein Russenlied« zu nennen pflegte. Ich hätte den Laden gerne noch mal in Augenschein genommen, aber der Dauertanzbetrieb in der Ahornstraße 15 wurde im Juni 2013 eingestellt. Zweiundfünfzig

Jahre, nachdem der erste Piepston aus den Boxen gekrochen war. So wird der Schuppen die Erinnerung an einen meiner favorisierten Tanztitel aus dem Jahr 1980 unter sich begraben. Loverboy. Turn me loose. Nicht schlimm, sowieso heute ein peinlicher Song. So, wo war ich? Fahrradkunde, Musik, Goerz-Höfe, Spiritualität, erste Firma, Strapsharry? Was ist das denn für ein wirres Kapitel? Gibt's doch gar nicht. Schnell raus hier.

Wir verließen die Goerz-Höfe und die strategische Marketingagentur im Sommer 2000, weitere 3,5 Kilometer auf der B1 gen Nordosten ziehend, einem unsichtbaren Plan folgend, der zwangsläufig diesen letzten Satz des Kapitels vorsah und dann doch nicht auf »vorsah« endete, sondern auf »endete«.

Irrweg: Hauptstraße 15

Nieselregen, ein Grad. So haben wir es richtig gerne. Vor zwei Wochen hat in Berlin das Wettergewinsel eingesetzt. Der Sommer sei zu kurz gewesen, das jetzige Wetter eine Zumutung. Augenrollend wird jeder angestöhnt, der meint, ungefragt sein nächstes Fernreiseziel herausposaunen zu müssen. »Ich fliege Montag nach Sao Paulo. Da hat es gerade dreißig Grad!« Hat es das, ja? Hier herrscht Übelgrübelkübelwetter. Ich kaufe auf der Durchfahrt in Schöneberg Winterdaunenbettdecken und freue mich wie Bolle auf die Kälte. Sagt man hier so: wie Bolle. Meine Putzfrau (... ja, sie ist bei der Bahn-See-Knappschaft gemeldet. Ach, Sie wussten gar nicht, dass man das als Minijob da – und auch nur da – anmeldet? So, so ...) erzählte am Nachmittag zuvor, in Polen schneie es schon. Die Kälte kommt seit dem Kalten Krieg gefühlt immer aus dem Osten. Ich denke, dass ich meine Fahrradketten nachfetten muss. Von Schnee keine Spur. Riecht auch nicht danach. Die Stadt riecht nach gar nichts mehr. Und da fällt mein Blick plötzlich auf das Gerüst auf der anderen Straßenseite und ich muss lachen. Die bröckelnde Fassade des mausgrauen, zweistöckigen Kastens ist hinter bauchiger Plastikfolie versteckt. Es sieht aus, als hätte ich die Verkleidung höchstpersönlich vorgenommen. Manche Folien haben zu viel Spiel. Hinter diesen Stahlrohren gedieh unser Traum vom Weltkonzern mit Herz weiter. Es ist Winter 2013 und die mir wohlbekannte Frau S. hat offenbar endlich Wort gehalten. Jedenfalls vorbereitende Maßnahmen ergriffen, die zur Einhaltung ihres dreizehn Jahre alten Versprechens auch schon anfänglich zwingend notwendig gewesen wären. Einrüstung.

Als unsere Firma im Sommer 2000 in das Hinterhaus der Hauptstraße 15 einzog, waren wir voller Zuversicht, bald in einem der bestentwickelten historischen Gebäude des Bezirks untergebracht zu sein. Ein Krankenhaus sei das mal gewesen.

Verrückt in schöner Lage: das Maison de Santé um 1885

Ein riesiges Areal, das sich weit über die Belziger Straße hinaus erstreckt. Vor unseren unternehmungslustigen Augen entstand nach hinten zur Belziger ein blühender Biergarten, das rote Backsteingebäude zur Straße wollten wir für eine neu zu gründende Eventfirma nutzen, die unsere Veranstaltungen juristisch eigenständig verantworten sollte. In einem von Deckenlicht durchfluteten Lagerraum planten wir einen privaten Club.

Ich hatte in einer Anzeige von der Immobilie gelesen und gleich einen Besichtigungstermin vereinbart. Ich landete auf einer Baustelle. Sehr gut, dachte ich, unvollendet ist günstiger! und stakste durch Dreck, Späne und Bretterberge die abgetretene Treppe hoch. Im ersten Stock des Hinterhauses erwartete mich ein u-förmiger Gang von gefühlten zwanzig Metern

Verdeckt von mancher Plane: ein irres Haus 2014

Länge. Parkett war noch nicht gelegt, die Bodenkammern lagen offen. Auf der linken Seite sah ich in jeder der vielen Türen, die alle naselang von dem Gang abgingen, kleine Durchreichen, die man geschlossen hatte. Die Fensterfront auf der rechten Seite schien aus alten Bleifassungen zu bestehen, simpelste Einfachverglasung. Eine Dame kam hinter mir die Treppe hoch, die sich als »die Maklerin« vorstellte. »Die Maklerin« erklärte mir lang und breit, dass »der Besitzer«, ein Münchner Privatier, durchaus bereit sei, bis zur völligen Fertigstellung des Gebäudes binnen eines Monats auch unseren baulichen Bedürfnissen entgegenzukommen. Volltreffer! Dachte ich. Jeder sieht, was er sehen will. Ich führte meinen Compañeros das Gebäude vor. Alle waren begeistert. »Die Maklerin« versicherte uns: Ein

Monat noch bis zur Fertigstellung unserer Räume, und auch das Areal würde in schneller Folge entwickelt. Kein Schlamm und Bauschutt mehr ums Haus, der Außenanstrich würde bald erfolgen. Schöne Aussichten, eine passende Perspektive in der Gegenwart: Lauter lichte Produktions- und Redaktionsräume. Ein großer Konferenzsaal, Örtlichkeiten, viel Platz. Repräsentativ. So, wie wir es mochten. Es würde herrlich werden. Wir kündigten das alte Büro in den Goerz-Höfen , packten die Kisten, zahlten die Maklerin ... und wurden unseres Berufslebens nicht mehr richtig froh. Einerseits aus Leichtgläubigkeit, andererseits, weil »die Maklerin« und »der Besitzer« zufälligerweise Tochter und Vater waren und beide ebenso viel versprachen, wie sie kassieren wollten, letztlich aber wenig hielten. Wir unterließen es in Folge zwar, juristisch gegen Frau S. vorzugehen, verziehen ihr die erschlichene Provision aber nicht. Auch die Anwälte unter uns im Parterre lagen bald im Dauerclinch mit ihr. Man muss allerdings gestehen, dass ihre hemdsärmelige, unnachgiebige Art dazu angetan war, die Energieversorgung der Bundesrepublik zu revolutionieren. Sie heizte die zugig kalten Räume vor allem, indem sie die Gemüter ihrer Mieter zur Weißglut brachte, ein passiv-reaktiver Brennstab. Ein Unikum. Alles sei genau so wie besprochen fristgerecht fertiggestellt, repariert und beseitigt worden und das, was dem nicht ganz entspreche, werde sofort nächste Woche erledigt. Hieß es. Selten folgten ihren Worten Taten. Sie trieb uns in den Wahnsinn. Dann kamen auch noch die Einbrecher. Einmal, zweimal, dreimal. Nach dem zweiten Raubzug – die Diebe hatten die Tür fachgerecht und in aller Seelenruhe mit einem Vorschlaghammer zerlegt – hatte uns die Technikversicherung gekündigt. Auch die Kriminalpolizei riet uns: »Wechseln Sie die Branche oder die Immobilie!«

Dabei hatte ich doch höchstpersönlich in der frühen Phase alles unternommen, um die gesamte positive Energie des Universums auf unsere kleine Firma einzuschwören. Ich engagierte einen Freund, der Feng-Shui-Meister war. Was der Bank of China billig, sollte mir nur recht sein. Leider galt Peers esoterische Zunft im Kreise meiner Mitstreiter herzlich wenig, da sie in den Augen dieser Zweifler eher vom Glauben der Kundschaft als von den Fähigkeiten des Anbieters lebte. Es nutze wenig, dass ich ihnen erklärte, dass ihr Begriff von Realität einer dummen Auffassung von Materie entspreche, da nichts an sich, sondern nur in Bedingungen existiere. Und der Begriff der Energie daher ein sehr viel hilfreicherer sei, um die Beziehung zwischen allem zu beschreiben. Dann verhedderte ich mich aber auch schnell in den Relationen der fünf Elemente und der astrologischen Dimension des I Ging. Vergeblich der Hinweis, dass wir hier ein fünftausend Jahre altes System bemühten, wenn man es nicht erklären kann. Peer spazierte dessen ungeachtet durch unsere neuen Geschäftsräume und malte Zahlen in neun Quadrate, wie sie heute jeder aus den Sudokus kennt. Ich war gespannt, was es wohl bedeutete, dass man einen u-förmigen Grundriss nicht lückenlos in einem Quadrat unterbringen kann. Zunächst einmal hatten seine Skizzierungen zur Folge, dass ich zweihundertfünfzig Euro weniger auf dem Konto hatte. Ein Freundschaftspreis. Ferner erklärte mir Peer, dass unserer Firma ein klares Zentrum fehle, eine eindeutige Ausrichtung. Das ist leider die einzige von umfangreichen Diagnosen, an die ich mich erinnern kann. Vielleicht, weil ich ihn nur engagiert hatte, um zu hören, dass sich alles sensationell entwickeln würde. Vielleicht auch, weil sich seine Aussage bewahrheitete: Wir wurden in der Folge ein Gemischtwarenladen. Nicht erfolglos, aber deutlich eher regionaler Kolonialwarenhändler als Global Player.

Peer empfahl u. a., die nachteiligen Energieaspekte der Immobilie mit zwei Springbrunnen zu kompensieren. Haben Sie mal versucht, einen Zimmerspringbrunnen zu kaufen? Das gestaltet sich nur dann einfach, wenn Sie Liberaces Wohnungseinrichtung auf Billo-Niveau nachbauen wollen. Kitsch ist gar kein Ausdruck! Als ich schließlich bezahlbare, schlichtere Brünnlein auf zwei Blumenständern postiert hatte, war ich zufrieden: Es sah sehr absichtsvoll aus. Es plätscherte leise und meditativ vor sich hin und in meiner Vorstellung standen da zwei Pumpen, die Geld wie Öl aus dem Nichts ans Tageslicht förderten.

Leider waren die Gerätschaften ebenso wartungsintensiv wie die Zweifler unwillig, sich um die Pflege und Bewahrung unseres energetischen Wohlstands zu kümmern. Unserer Sekretärin sei das auch nicht zuzumuten, hieß es vonseiten des anderen Geschäftsführers: »Gießen steht nicht in ihrem Arbeitsvertrag.« Auch ich vergaß oft, Wasser nachzufüllen. Außerdem war ich sauer, weil die Herrschaften den nicht messbaren Vorteil des ganzen billigend in Kauf nahmen, solange ich mich alleine darum kümmerte. »Wir werden ja sehen, ob's hilft. Und wenn nicht, hattest du deinen Spaß!« Also saugten und würgten die kleinen Pümplein immer häufiger eine staubige, schleimige Brühe durch die Leitungen, weil das Wasser so schnell verdampfte. Ganz schlechtes Feng-Shui! Als auch ich nach einer Weile keine Anstalten mehr machte, täglich als Luftbefeuchter zu dienen, räumte dieselbe Sekretärin, die kein Wasser holen wollte, die Pumpen weg und fortan verdorrten schrumpelige Topfpflanzen an derselben Stelle. Das passte gut zur Firma.

Zwischendrin war es aber auch lustig. Zum Beispiel wurde die Auslegeware in dem langen Flur immer länger, wie ein lebendiger, wachsender Organismus. Alle paar Monate mussten wir um fünf Zentimeter kürzen, da der Teppich sonst Wellen

Arkanum der Seelenklempner: Durchbrüche in Bruchbude

schlug. Regelmäßig waren Besucher und Kunden schwer begeistert, wenn sie über die mal staubige, mal schlammige Baustelle in die Agentur traten: »Das hätte ich aber nicht erwartet!« Ich schielte oft auf den Matsch an ihren Schuhen und wünschte mir, wir wären in Japan. Gelegentlich begegneten mir auch unsere Mitarbeiter in den weitläufigen, zugigen Flurhallen. Meistens aber zog sich jeder in seine Kemenate zurück und schloss die Tür. Wir telefonierten alle viel miteinander.

Eines schönen Tages, die Heizungen gingen mal wieder nicht und von der Einfachverglasung troff Kondenswasser die angeschimmelten Wände runter, stellte sich ein Herr namens D. vor, der sagte, er sei von nun an der Hausmeister, unser Ansprechpartner in allen Lebenslagen das Haus betreffend. In seinem viel zu großen Jackett sah er aus wie verkleidet. Er kam, vernahm und ging. Nichts geschah. Alles blieb beim Alten. Wir sahen Herrn D. nie wieder. Herr D. war der Geliebte von Frau S., hörten wir später, und nach einem Jahr auch wieder verschwunden. Es hieß, er habe eine Operation vorgenommen und sei jetzt Frau D.

Zu dieser Zeit fiel uns zufällig ein Bildband in die Hände, der 1989 bei der Berliner Geschichtswerkstatt erschienen war. Erstaunt blätterten wir das akribisch zusammengetragene Material durch und erst jetzt begriffen wir, wo wir eigentlich gelandet waren, und dass alles, was geschah, kein Zufall war: Wir befanden uns im ehemaligen Schöneberger Irrenhaus. Unser Gebäude war die ehemalige Frauenbeobachtungsstation des Maison de Santé. Unsere Firmen, »der apparat multimedia gmbh« und »der apparat event gmbh«, waren doch tatsächlich in dem 1886 erbauten Frauentrakt gelandet! Somit erschlossen sich uns auch die Durchreichen in den Türen: Widerspenstige Damen waren hier mit Dauerstehtherapien behandelt worden, wenn die Zwangsberuhigung mit Näh-, Strick- oder Flickarbeiten versagt hatte. Angekettet mussten sie dann in den engeren Räumen stehen. Der körperlich ausgeübte Zwang sollte auch die Geistesunruhe bezwingen. Gelegentlich reichte man ihnen Hausmannskost durch die kleinen Klappen. Die dicken Eichendielen in den Böden waren aus hygienischen Gründen gewählt worden: Man rechnete mit Inkontinenz.

Ich kam mir vor wie in einem Hollywood-Streifen, in dem eine grundsolide Familie erfährt, dass es in dem von Onkel Henry vererbten Haus spukt, und die Kinder in einem alten Tagebuch entdecken, dass vor über hundert Jahren dort ein Mord geschehen ist.

Das Vorderhaus zur Hauptstraße hin war einst ein Dorfgasthaus, bevor das Ganze Areal nach und nach zur Kur- und

Irrenanstalt umgebaut wurde. In den Dreißigern diente es zur Hauptstraße hin Mitarbeitern von Karstadt am Hermannplatz als Wohnhaus. Im heutigen Kindergarten auf der anderen Seite der Belziger Straße waren zu Hospitalzeiten die Männer untergebracht. Dazwischen war einst ein üppiger Park, darin die Kapelle, unsere heiß ersehnte Eventlocation mit der schönen Apsis. Der hohe Schornstein gehörte zum Maschinenhaus, das Ensemble zur Akazienstraße hin barg früher die Bettenlager. Unsere Vorgänger, die hier bis zur Übernahme durch die Familie S. Quartier bezogen hatten, waren in den Sechzigern Gastarbeiter für Siemens, später dann Studenten, denen das Studentenwerk Unterkunft gewährte.

Einer dieser Studenten wies den Architekten Frank Augustin Mitte der achtziger Jahre auf das Ensemble hin. Mit fünf Mitstreitern und im Auftrag des Bezirksamts arbeitete sich der damals frisch gebackene Architekt Schicht für Schicht durch alle Facetten der teilweise maroden Bauten. Zur 750-Jahr-Feier Berlins war der Dokumentationsband fertiggestellt: »Maison de Santé. Ehemalige Kur- und Irrenanstalt«. Das Buch erzählt die Geschichte eines Gebäudes, das einst im Berlin fernen Dorf Schöneberg inmitten von Feldern lag und heute unter Denkmalschutz steht. Auch Dank der Initiative um Augustin: »Es ging darum, die geschichtlichen Spuren, die so eine Stadt hat, nicht zu löschen. Eigentlich war es ein negativer Impuls. Also nicht platt machen und das Maximum an Rendite durch Neubau realisieren!«

Sichten, dokumentieren, bewahren wider den Zeitgeist, so beschreibt Augustin seine damalige Grundhaltung; er sagt es mit leiser, aber bestimmter Stimme. Wir sitzen in seinem Büro in der Charlottenburger Leibnizstraße. Seine Assistentin kocht ausgezeichneten Kaffee und ich blättere leicht verlegen in meiner online erstandenen, etwas modrig riechenden Ausgabe des Bildbandes. Überall in der Fabriketage im Hinterhaus unterm Dach liegen fein säuberlich Papier- und Bücherstapel. Ich frage erst gar nicht, zu welchen Themen. Ich habe nicht die Ruhe, mich mit den Details der anderen Projekte zu beschäftigen. Sehnsüchtig besehe ich die Fotos im Band auf Seite 105, die ich zufällig aufgeblättert habe. Sie zeigen eine leere Hauptstraße. Drei Herren mit Stock, Mantel und Hut warten auf die Straßenbahn. Kinder sehen zu einer Frau mit Riemchenschuhen auf. Die Bäume sind kahl. Das Haus im Hintergrund hat einen Vorgarten. Erst beim zweiten Hinsehen erkenne ich, dass es an der Stelle stand, an der heute ein türkischer Supermarkt ist. Darunter ein Foto des Eingangs Hauptstraße 15, damals prächtiger als heute. Das Bild offenbart so viel Platz, Raum, sogar Eleganz.

Ganz anders als Anfang der Achtziger in Westberlin. Es fehlte überall an Wohnraum. Neubau war die Maxime. Ein vom Abriss besessener Geist wütete; dabei waren noch in den Sechzigern Subventionen geflossen, wenn vom Krieg zerstörtes Stuckwerk abgeschlagen und durch Rauputz ersetzt worden war. Nun sollten die alten Häuser niedergemacht werden, um Platz für mehr Menschen zu schaffen. Entmietung und Abriss alter Gebäude kamen aber nicht so schnell voran. De facto betrieb man also Raubbau an verfügbarer Wohnsubstanz. Ganze Straßenzüge sollten weichen, vor allem in Kreuzberg. Man musste kein Linker sein, um zu verstehen, dass hier öffentlicher Mehrwert zerstört wurde. Hausbesetzungen waren eine Folge. Die Gründung der Berliner Geschichtswerkstatt mit ihrer »Geschichte von unten« eine weitere. Der Wert des Areals um die Hauptstraße 15 erschloss sich vielen erst durch die vollständige historische Dokumentation. Doch nicht nur die stadthistorische Komponente spiele dabei eine Rolle: »Der Rang dieses Gebäudes ist für die

Stadtgeschichte Berlins, nicht nur Schönebergs, enorm. Das zu studieren war für mich faszinierend: Wie baut man ein Krankenhaus, eine Irrenanstalt? Ich habe damals in der Staatsbibliothek die Vorgaben von Kollegen aus dem 19. Jahrhundert gefunden, die in Handbüchern niedergelegt sind. Zum Beispiel musste ein Stahlsprossenfenster eine Verglasung von fünfundzwanzig Millimetern Glasstärke haben. Man hatte ja noch nicht die heutigen Vergütungstechniken.« Vor seinem inneren Auge sieht Augustin offenbar wieder die alten Pläne: »Und hier in die Tür musste eine Durchreiche hin. In den Räumen durften keine Vorsprünge sein oder Haken, damit suizidgefährdete Personen bewahrt werden konnten. Daran konnte man auch die Entmystifizierung des Irreseins erkennen. Um 1800 hat man diese Menschen noch einfach weggesperrt. Erst durch Dr. Levinstein, den Gründer des Maison de Santé, und andere Ärzte wurde der Zugang zur Krankheit naturwissenschaftlich nachvollziehbar. Man sah die Krankheit zunehmend als Ausdruck von Lebensbedingungen, die veränderlich sind, und nicht mehr als Gottes Strafe!«

Ich verstehe, dass mein mir heute selbstverständlicher Blick auf die Welt durch die Arbeit von Menschen wie Augustin mitgeprägt wurde. Nie käme ich auf die Idee, an einer Demo für die Beseitigung von Architektur aus der Gründerzeit teilzunehmen. Ginge es aber an den eigenhändigen Abriss des Märkischen Viertels, wäre das schon was anderes.

Schließlich frage ich Augustin doch noch nach seinem Meisterstück. Ich mag diese Art von Superlativfragen eigentlich nicht, weil sie so plump sind. Aber wenn der Gesprächspartner seine eigene Abneigung überwinden kann, auf ein Optimum reduziert zu werden, sind die Antworten bisweilen ergiebig. »Wenn ich mich auf Bruno Taut beziehe, der wiederum den großen Architekten Sinan zum Vorbild hatte, dann legt man sein Meisterstück ja erst mit siebzig vor.« Augustin lächelt verschmitzt. Aber ein Gesellenstück, ja, das habe er. Die Stockwerksfabrik in Oberschöneweide, früher einmal Hauptlagergebäude der AEG und von 1909 bis 1993 als Kabelfabrik genutzt. Auch dieses Gebäude sollte abgerissen werden, weil die Substanz der Decken angeblich nicht mehr tragfähig war. Augustin bezweifelte das und wandte Belastungstests, wie sie eigentlich nur bei Brücken üblich sind, erstmals auf die Decken an. Ergebnis: Die Deckenplatten hielten über das Dreifache der Nennbelastbarkeit aus dem Jahr 1909. Ich überlege kurz, wo wohl im übertragenen Sinne meine Nennbelastbarkeit liegt, höre dann aber weiter zu. Die größte Schwierigkeit habe darin bestanden, Behörden von der Sinnfälligkeit sowohl der Testmethode als auch der Ergebnisse zu überzeugen.

Heute gehört das Gebäude zur Hochschule für Technik und Wirtschaft. Ein hässlicher Neubau wurde uns so erspart. Danke. Und was diesen Herrn Sinan angeht: Das war einer der bedeutendsten osmanischen Architekten des 16. Jahrhunderts, der vor allem Moscheen plante. Eine Information, die mich umgerechnet circa dreißig Euro gekostet hat: Fünfzehn Euro für das Parken in der Leibnizstraße ohne Parkschein und der Rest ist anteiliger Stundenlohn für die online-Recherche. Wenn ich das auf den Bildband über das Maison de Santé hochrechne, dürften sich aktueller Grundstückswert und angemessene Aufwandsentschädigungen für das Buch in etwa die Waage halten.

Ich stehe wieder vor der Frauenbeobachtungsstation. Mittlerweile hat ein privater Pflegedienst das gesamte hintere Gebäude angemietet. Das Haus bestimmt offenbar seinen eigenen Verwendungszweck. Hans Zippert schrieb die Tage in seiner satirischen Kolumne in der »Welt«, der Flughafen Berlin-Brandenburg sei der größte selbstständig wirkende, sich jeder Regelbarkeit entziehende Organismus in Deutschland. Noch größer als Sigmar Gabriel. Auch hier haben wir so ein eigenes Wesen. Das Maison des Santé duldet nur Kranke. Dafür ist es ideal. Weit auseinanderliegende Zimmer, vom Flur einzeln begehbar. Im Flur selbst ist Platz für Rollatoren, Rollstühle, Pflegemittel. Die Fenster sind immer noch die alten. Frau S. sicher auch noch. Ein Außenfahrstuhl auf dem Innenhof ist neu, dennoch ist die Zeit hier stehen geblieben. Ein traurig-grimmig dreinblickender Mann packt eine Familienkutsche mit Kinderspielzeug und Bettwäsche voll. Immer wieder läuft er ins Vorderhaus. Mittlerweile sind die Wohnungen im Vorderhaus offensichtlich wieder hergerichtet. Hier scheint sich gerade jemand zu trennen. Kaum vorstellbar, dass ihm der Abschied von dem Gebäude selbst schwer fällt. Meine Wildlederschuhe sind schon wieder voller Matsch und an der Fassade ist nichts gemacht worden. Der fünfundzwanzig Jahre alte Bildband von Augustin zeigt immer noch Aktuelles. Mir fällt der Satz eines Freundes ein, der nach eigenem Bekunden bei der Wahl seiner Lebensumstände oft zu idealistisch vorging: »Ich achte mittlerweile weniger auf das Potenzial als vielmehr auf die bereits vorliegenden Resultate!« Er meint Menschen und Immobilien. Hätte ich die Erfahrungsweisheit, die in diesem Satz steckt, schon vor Jahren gehabt: Mitarbeiter und Arbeitsumgebung wären zum Teil nicht die gewesen, die es waren. Aber von Reue keine Spur. Ich habe meine Lektionen eben in der ehemaligen Irrenanstalt für Frauen gelernt. No shame in the game, wie mein Freund Michael sagen würde.

Zeit, vom Hof zu reiten. Ich warte, bis ein Kunde aus dem türkischen Supermarkt zur Schranke vorfährt, und bitte ihn dann, dicht auffahrend hinter ihm den Hof verlassen zu können. Ein Auslassticket habe ich nicht. Frau S. bekommt keinen Cent mehr. Obwohl ich eigentlich immer noch in Pfennigen denke. Und obwohl die Besitzer sicher jeden Cent gut brauchen können, so heruntergekommen wie das hier aussieht. Ich fahre nach Hause, lege mich in mein warmes Bett und lese noch mal in dem Bildband. Das Areal hat sicherlich irre viel Potenzial. Nur wir konnten es nicht nutzen. 2005 zogen wir, wieder entlang der B1, zurück nach Friedenau in die Sponholzstraße. Diesmal erkundigten wir uns eingehend, in welches Haus wir einziehen würden: Es gehörte der Elektrikerinnung und hatte einen Sicherungskasten von so gewaltigem Ausmaß, das jeder Betreiber eines Kernkraftwerks blass vor Neid werden könnte. Das, schien mir, passte gut, nach so viel irrer Energie. Sicher ist sicher. Die Firmen sind bis heute dort.

Abschiedstour: Höhepunkt auf dem Schöneberg

Ende der neunziger Jahre las ich einen irritierenden Artikel. Ein amerikanischer Psychologe behauptete, er könne sich in jede beliebige Frau verlieben; so die noch nicht in Liebe Entflammte mit ihm gemeinsam willens sei, sich einer Psychotherapie zu unterziehen. Beide Partner müssten es nur ernsthaft wollen. Ich meine, mich erinnern zu können, dass sich eine Freiwillige fand, die mit ihm gemeinsam diesen Beweis antreten wollte. Keine Ahnung, was aus den beiden wurde. Vielleicht hatte sie sich ja auch aufgrund des Artikels vorab in ihn verliebt? Ich habe mich damals nicht gefragt, wie man einen möglichen Erfolg glaubhaft darstellen kann, geschweige denn messen will. Ich hoffte nur für beide, dass er die Probandin im Anschluss an die Sitzungen nicht zurück ins Altersheim fahren musste. Und um ihretwillen, dass er nicht einer jener hässlichen Knochen war, die sich für ein brillantes Filetstück halten und dies laut bellend kundtun.

Diese Geschichte war bestürzend, denn im Umkehrschluss bedeutete sie: Scheitert eine Beziehung, hat sich mindestens einer der beiden Partner unzureichend selbst erforscht. Die offenbar freie Gestaltbarkeit eines Gefühls widersprach meiner Auffassung, dass gerade die Liebe primär ein Gefühl ist. Heute weiß ich es besser – jedenfalls funktioniert es besser so: Liebe ist in erster Linie eine Haltung. Sie ist der nachhaltig zu verwirklichende Wunsch, dem anderen Gutes angedeihen zu lassen. Ihm stets das Beste zu wünschen. Zu seinen Bedingungen. Menschen, auch Dingen und Städten, die man liebt oder lieben will, muss man entgegenkommen. Sie immer wieder aufsuchen. Es ist Arbeit. Unermüdlich und am besten, man nimmt sich selbst dabei nicht zu wichtig. Die eigenen Gefühle kommen und gehen. Was wir heute erleben und erfahren, ist nichts anderes als das Resultat all dessen, was wir in der Vergangenheit gedacht, gesagt und getan haben. Wir halten die äußere Welt für real, dabei sehen wir sie nur durch die Brille unserer eigenen Vorurteile. Das ist kein Hammerschlag von Einsicht, aber der erste Schlüssel zur Freiheit. Finde ich.

Mit ausreichend Wissbegier und Attitüde ausgestattet, ist alles schön, spannend, vollkommen. (Na gut, die Motivation ist auch wichtig ...) Ließe sich also mein Erleben von jenem hässlichen Teilstück der B1, dem kurzen Stück zwischen Innsbrucker Platz und Dominicusstraße, auch durch eine andere Sichtweise spürbar ändern? Anders gefragt: Kann man in einem Mund, der voller schwarzer Zahnstumpen und krustig-gelbem Zahnbelag ist, vor allem das Lächeln sehen und dabei das Hässliche ausblenden? Als Buddhist nicke ich naturgemäß, wenn ich Belehrungen zur Natur des Geistes bekomme, also jenem Gewahrsein, das sich aller Dinge, Ereignisse und Vorgänge bewusst sein kann. Man kann es auch Bewusstheit nennen. (Ich komme gleich wieder auf die Bundesstraße 1 zurück, keine Bange! Dies ist hier eine Abkürzung, kein Umweg!) Alles taucht in diesem Bewusstsein auf und nichts ist von irgendetwas getrennt. Auch wenn die Ich-Illusion diese Trennung permanent suggeriert und zur Bestätigung ihrer eigenen Existenz Urteile wie »richtig/falsch« oder »ich hab Recht, der andere Unrecht!« liefert. Mit entsprechender Gefühlslage gratis und frei Haus. Es gibt keine Zufälle. Aber Ereignisse können so wahrgenommen werden, als rein zufällig. Insofern wunderte es mich nicht, als zum Ende des Schreibprozesses am Buch immer mehr Menschen scheinbar ohne mein Zutun an mich herantraten und einen Beitrag leisteten, aus dem mein Geist dann etwas Notwendiges und Sinnvolles bastelte: das letzte Kapitel. Und es war klar, dass es schön werden müsste. Es begann auf halber Strecke.

Zum fünfzigsten Geburtstag schenkte mir meine Liebste einen Tanzkurs. Ich war begeistert. Vor fast vierzig Jahren bin ich von der siebten bis zu elften Klasse in der Tanzgruppe »Die Tanzmäuse« gewesen. Seitdem hatte ich nur noch Gelegenheit zum Walzertanzen und nie die richtige Tanzpartnerin. Wo der Kurs denn sei, frage ich. »Na, da vorne in der Rheinstraße, neben diesem Fahrradladen«, sagt sie gedankenverloren. Ein Zeichen!, denke ich. Schon wieder in den Goerz-Höfen. Wieder eine wichtige Etappe auf der Perlenschnur der ältesten deutschen Bundesstraße. Der Tanzlehrer demonstriert alle Schritte mit einem männlichen Partner und parodiert einige Teilnehmer. Erst schiebt er sein Gegenüber wie einen Einkaufswagen durch die Gegend, dann macht er die Schritte so groß, als würde er in einem Fluss von einem Stein zum weit entfernten nächsten springen. Während wir lachend die heißgetanzten Schuhe am Café Melanie vorbeitragen, fällt mir wieder ein, dass sie Robert hier mal sein riesiges Nokia-Handy gestohlen haben. Schon wieder eine neue Erinnerung, die fast genau so lange verschollen war wie das Handy.

In Potsdam treffe ich beim asiatischen Schnellimbiss im Sterncenter den Inhaber einer alten Westberliner Werbeagentur. Wir kommen beim vor Sojasauce tropfenden rohen Lachs ins Gespräch und finden in drei Minuten heraus, dass wir uns mehr zu sagen haben. Er berichtet begeistert von einer Facebook-Gruppe, der ich noch am selben Nachmittag beitrete. »Freies Westberlin« heißt sie. Jemand fragt nach einer Diskothek, die sich irgendwo am Kleistpark befunden habe, vielleicht an der Stelle des heutigen Kleisthers, einem Café/Restaurant. Ich kann die Antwort geben. Der Laden hieß Pipeline. Ich weiß das noch, weil ich vor einem Besuch dort zu Hause so oft an der Kawumm gezogen hatte, dass die Welt anschließend aussah wie eine schwarz-weiße Thermoaufnahme: flackernde Graustufen in Bewegung. Es lief The Cure. Ich kam mir vor wie in einer

Schleimblase, die sich verhärtete und mich einschloss, sobald ich wagte, etwas zu fühlen. Ich war in einem ektoplasmischen Kanal, in der Pipeline. Nur an meine Klamotten, die ich damals trug, kann ich mich partout nicht mehr erinnern. Offenbar wird die Wirkung von Kleidung überschätzt.

Und schließlich meldet sich überraschend Nils. Nils, der mir tatsächlich beibringt, ein unansehnliches Stück Welt mit anderen Augen zu sehen. Ob wir nicht mal wieder was trinken gehen wollen? Ich bin sofort begeistert. Er wohnt in Mitte, ich in Charlottenburg. Für eine gepflegte Freundschaft in Berlin schon eine sportliche Distanz. Wir haben uns zwei Jahre nicht gesprochen. Er schlägt die Joseph-Roth-Diele auf halber Strecke zwischen seiner und meiner Wohnung vor. Wo die denn sei? »Gegenüber vom Palais am Wintergarten. Potsdamer Straße!«

»Aha, B1!«, raune ich, »meine magische Route. Sehr gut!« Als ich vor der Diele mein Rad abschließe, fällt mir auch wieder ein, dass ich neben dem mit weniger als zwanzig Leuten wohl am schlechtesten besuchte Underworld-Konzert aller Zeiten (für mich ist der Gedanke an dieses Konzert und diesen Ort jedes Mal wie neu) 1988 auch die Einstürzenden Neubauten mal im Quartier Latin gesehen habe. Ich fand es sehr laut, genauer gesagt: ausschließlich laut, und beschloss daher, zu sensibel für die Avantgarde zu sein.

Nils Peters ist Architekt und leitet zusammen mit seinem Partner den kleinen, feinen Verlag archimap in Charlottenburg. 2010 veröffentlichten sie einen dünnen Band, für den sie mich baten, das Vorwort zu schreiben: »Alles, was sie noch nicht über Berlin wussten«. Er war auf mich gestoßen, weil er Roberts und mein 2005 im be.bra verlag erschienenes Buch »Berliner Populäre Irrtümer« kannte. Alles in seinem Buch wusste ich noch nicht über Berlin, schrieb aber das Vorwort und freundete mich mit Nils an. Als er nach Mitte zog, war es vorbei mit den spontanen Treffen zum Bier. Wir wurden Ost- und Westgote.

Nils lehrt Architekturtheorie in Klagenfurt, baut in ganz Europa Häuser und ich bin auch oft beschäftigt. (Ich habe immer noch nicht den vermeintlich irreführenden Anfang dieses Kapitels vergessen, komme aber schon sehr bald darauf zurück. Hier wird nichts dem Zufall überlassen, der ohnehin nur ein Hilfskonstrukt für Menschen mit Intuitionsschwäche ist.)

Nachdem wir uns auf den neuesten privaten Stand gebracht haben, kreist das Gespräch um aktuelle Projekte. Ich erwähne dieses Buch und er sagt, das sei seltsam, genau dieses Buch habe er auch in Planung gehabt; er versteht sofort, dass es mir im Kern um die Frage geht: Was bindet Menschen an einen Ort und verbindet sie dauerhaft mit ihm? Und wie wirkt der Ort in uns. Wie verändert er uns. Er nennt es Raum. Auch Topos. Ich höre Raum und denke an die buddhistische Auffassung von Raum: ein alles umschließendes, unendliches, formloses Gefäß, in dem alles entsteht. Existent ohne Form, ohne Eigenschaften. Kein Klang, keine Farbe, kein Geruch. Leer von allem, existent an sich. Der einzige wahre Grund, ohne Anfang und Ende. Beinahe so wie der Bierstrom an diesem Abend und wir setzen unser großes Tennisturnier im Herreneinzel der Generalisten eine Woche später in Nils' Büro fort.

Es ist ein sonniger Märztag; wenn Primeln beim Durchdringen der oberen Erdkrume knirschen würden, liefen die Menschen mit Fingern in den Ohren und schmerzverzerrten Gesichtern herum. Überall ist Neues ins Kraut geschossen. So schnell konnte ich kaum gucken, geschweige denn Zeitung lesen und meine Texte korrigieren. Während Nils in der Teeküche grünen Tee aufbrüht, überfliege ich meine Liste mit Ergänzungen und Einschüben für die einzelnen Kapitel, die ich noch vornehmen will.

1. Die Neubesiedelung des Steglitzer Kreisels ist mittlerweile spruchreif. Noch im April soll ein Notar die Absicht bekunden, dort 248 Eigentumswohnungen entstehen zu lassen, rund ein Viertel davon im Sockelgeschoss. Die günstigsten sollen für dreitausenddreihundert Euro den Quadratmeter angeboten werden. (Ich tippe auf Souterrainpreise.) Ganz oben bekommt man ab 2018 die zweihundert Quadratmeter für 1,8 Millionen. (Und Ende Mai steht darüber immer noch nichts in der Zeitung.)

2. Bis Ende 2014 wird Berlin mindestens fünfundsechzig Shopping-Malls haben, die sich alle gegenseitig kannibalisieren. Die nächste Eröffnung ist der Bikini-Komplex am Breitscheidtplatz, der verspricht, andere Läden als die überall üblichen zu präsentieren. Es werden vor allem teurere. Am Leipziger Platz wird die »Mall of Berlin« aus nicht veröffentlichten Gründen auch erst frühestens Mitte 2014 eröffnen können.

3. Meine Fahrradmanufaktur der Träume hat sich mittlerweile auch beschieden und einem Sportladen Platz gemacht: Pasculli ist in eine Nebenstraße gezogen. In dem Tempel wird weiter dem Gott der Wohlgestalt geopfert. Zwischenzeitlich war man aber pleite.

4. Eine der einflussreichsten Architekturpublikationen der Nachkriegsära wird wieder aufgelegt: Jobst Siedlers »Die gemordete Stadt« aus dem Jahr 1964. Ein Pamphlet gegen die stuckfressende Moderne und ein Plädoyer für »emotionale Stadterlebnisse«. Und damit war nicht die krankhafte, erniedrigende Isolation gemeint, die Menschen in den vorstädtischen Neubaugeschwüren und Fünfziger-Jahre-Strafzellen befiel. Zum ersten Mal traue ich meinem Geschmack: Ich liebe Gründerzeitarchitektur und lehne Moderne wie Postmoderne durchgängig und gleichermaßen ab. Eine schöne, kräftige, aber leider auch gefällige Arbeitshypothese.

Einfahrt nur mit Kleinstwagen und Prädikatsfahrertraining unproblematisch

5. Hochhäuser scheinen jetzt auch für Berlin rentabel zu werden; wir nähern uns Londoner Verhältnissen an; jedenfalls im Zentrum. Im Prenzlauer Berg höre ich von den ersten Dachgeschosswohnungen, die für siebentausend Euro der Quadratmeter angeboten werden. Irre.

6. Die BVG beginnt mit einer vollständigen Renovierung der U-Bahnhöfe Schloßstraße und Walther-Schreiber-Platz. Sie weiß nicht, ob es zwei oder fünf Jahre dauern wird, so beschämend schlecht seien die verwendeten Baumaterialien aus den späten sechziger Jahren. Vielleicht bricht der Kreisel doch noch weg?

7. Ich war fest entschlossen, einen Preis für schlechte Architektur ins Leben zu rufen. Bis ich mich davon überzeugen konnte, wer das vor mir schon mal geplant hat: Prince Charles

Einfach und hässlich: Haus

im Jahr 2001. Dabei hätte ich so schöne Nominierungen: das Parkhaus im Naturkaufhaus Schloßstraße 101 zum Beispiel. Lackspuren entlang der Einbahnspirale ins Kellergeschoss belegen eindrucksvoll, dass man die Auf- und Abfahrt kaum enger hätte bauen können. Oder gleich ein paar Häuser weiter: die Schloßstraße 92. Ein Zweistöcker mit Fliesenverkleidung, der aussieht, als hätte man ihn aus Scham mit Knallfolie verpackt. Bloß weg damit. Und noch ein Bauherr kann sich gerne mal bei mir melden; wer immer meinte, die Rheinstraße 54 mit einem turmähnlichen Auswuchs versehen zu müssen, der die eleganten Formen des Titania-Palastes zitiert: einfach mal schreiben. Ich helfe Ihnen dann bei der Beantragung der Abrissgenehmigung. Unansehnlich ist das.

Gelber U-Bootturm mit Kastenanhang in der Rheinstraße

8. Parteinahme für oder gegen etwas macht Spaß, solange man die Willkürlichkeit darin bemerkt – und sein eigenes Urteil gegen besseres Wissen auszutauschen bereit ist. (Musste auch mal geschrieben werden.)

9. Ich muss sämtliche Architekten der Welt davon überzeugen, überall mehr Duschen einzuplanen. Wie viel mehr Leute würden täglich Fahrrad fahren, wenn sie wüssten, dass sie vor Arbeitsbeginn duschen können? Ich glaube, ich bin der Revolution des Verkehrswesens durch die Hintertür nahe gekommen!

Nils stellt mir den Tee hin und hört sich an, wie weit ich mit meinem Projekt bin. Dann gibt er mir einen Text des Designers und Architekten Aldo Rossi, der im Nachgang mein Vorgehen legitimiert: »Man sollte«, rät er Architekten, »bei der Betrachtung eines Ortes nie unterschätzen, was man als Person selbst an diesen Ort mitbringt!« Und weiter: »In der Ignoranz des Ortes sehe ich allerdings einen wesentlichen Grund für die Banalität und Unangemessenheit vieler Bauten!« Nils sieht, dass ich nicke, und holt weiter aus: »Jede Stadt dieser Welt besteht aus Häuserreihen vor Bürgersteigen, die an Straßen liegen. Die Frage ist: Welche – relativ betrachtet – Kleinigkeiten machen die Besonderheit der Atmosphäre aus?« Ich lobe sein Gebräu nach einigen Schlückchen. Wir sind schließlich beide in einem Alter, in dem man beginnt, die täglichen Espressos zu rationieren. In dem Bildband »Berlin Inside« hat sein Verlag die Kennzeichen des urbanen Codes versammelt, die international operierende Scanner als Berlin erkennen würden. Es sind vor allem Brüche: Gründerzeitbauten neben der Leipziger Straße. Handbepflanzte Baumumfriedungen neben Schrottkarren. Ebenso liebevolle wie illegale Plakatierung in öffentlicher Anonymität. Schablonen auf Ampeln neben wortverspielten Werbetafeln für Kleingewerbe. Details, Differenz. Soweit die Theorie.

Mit einem Stück Restempörung nehme ich Anlauf und will zum Sturm auf das traurige Stück Hauptstraße blasen, dem ich im Buch einen Abgesang widme. Weit komme ich nicht. Nils' Kenntnisreichtum ist einnehmend. Freude schlägt Muffigkeit. Er nimmt mein halbtotes Stückchen B1 in die Zange und erinnert sich ad hoc vor allem an das Sehenswerte in dieser Gegend. Er wählt einfach einen anderen Ausschnitt, er macht die schönere Momentaufnahme.

Am Innsbrucker Platz sei das erste Hochhaus Berlins nach dem Zweiten Weltkrieg entstanden, von Kennern hochgeschätzt und heute im Besitz der Degewo. Extrem schmucklos, aber ele-

Unproduktive Recherchepause

gant, eine geschmackvolle Fortsetzung der Zwanziger-Jahre-Bauten dahinter. Derselbe Architekt hat auch das Gebäude an der Ecke Potsdamer Straße, Schöneberger Ufer gebaut, in dem der Club 40seconds untergebracht ist. Paul Emmerich hieß der Mann; das Hochhaus am Innsbrucker Platz hat er zusammen mit seinem Sohn Jürgen gebaut: die dahinterliegenden Wohnensembles (Hauptstraße, Innsbrucker Platz, Rubensstraße) noch im Alleingang. Paul Emmerich? Schon mal gehört. Emmerich? Emmerich! »Wenige Architekten haben in der ersten Hälfte des 20. Jahrhunderts so viele Wohnungen in Berlin gebaut wie Paul Mebes und sein Schwager und Büropartner Paul Emmerich.« Emmerich war einer der Architekten der Reichsforschungssiedlung Haselhorst in Berlin-Spandau. Sein Büro entwickelte in

Zusammenarbeit mit der Phillip Holzmann AG eine neue Stahlskelettbauweise für den Wohnungsbau. Die Dokumentation über die frisch sanierte Siedlung hat ... tatah! ... Michael Bienert erstellt. Das Zitat stammt aus seinem Bildband »Moderne Baukunst in Haselhorst«. Die Vorarbeiten zu dem Buch habe ich noch in Pankow gesehen. Mein alter Schulfreund, bei dem meine Reise zwischen Kreisel und Kleistpark begann. Kleines Universum, kein Zufall.

Ich sage Nils, dass ich bei Neubauten aus der zweiten Hälfte des letzten Jahrhunderts so gut wie nie wohlwollend hinsehen kann. Ich gestehe, in Anlehnung an die Big-Brother-Terminologie zwar nicht an Gedanken-, aber doch an Geschmacksverbrechen zu denken. Er lacht. Nur im »Tatort« wohne das Böse immer im Neubau. Es sei eben auch eine Platzfrage.

Ich sehe mir den von ihm gelobten, unauffälligen Kasten am Innsbrucker Platz später nochmals an. Da ich die historische Hohlform nicht kenne, die Emmerich mit dem Gebäude gefüllt hat, sehe ich immer noch nur einen Klotz. Das Nebeneinander von deutscher und türkischer Fahne, die auf dem Google-Street-View-Foto aus einem Fenster hängen, bleibt bei mir noch am ehesten im Gedächtnis.

Nils erinnert sich auch noch an eine Kneipe an der Ecke Dominicusstraße, an die Geisterbahn. Eine herrliche Spelunke sei das, der Name sage alles über die Gäste. Da habe es zu seinen Westzeiten immer Gabiko für eine Mark achtzig gegeben. »Gabiko?«, frage ich. »War eine stadtbekannte Abkürzung. Gabiko steht für *Ganz billiger Korn*!« Ich nehme mir vor, beim nächsten nächtlichen Freizeitüberhang nicht im Kumpelnest 3000, sondern in der Geisterbahn aufzulaufen. Unkostümiert! Ok, die Gegend ist vielleicht keine Schönheit, aber auch nicht gänzlich reizlos.

Lokalschönheit: 1950 vollendeter Charmebolzen inmitten von Lapidarien

Auf der gegenüberliegenden Straßenseite habe ich vor einem Jahr den Zeugmeister von George Clooney verpasst. Für den teilweise in Potsdam gedrehten Film »Monuments Men« kam ein Einkäufer zu »Günter Lusche. Seile, Ketten, Hebeltechnik«. Für den Film suchte er Schnüre, die auf Masten gespannt aussähen wie Stromkabel. Er wurde fündig. Angefangen hat der Großvater des heutigen Geschäftsführers Nicolas Lusche 1923 mit Bindfäden, Kälberstricken und Erntebindegarn. Heute vertreibt der Familienbetrieb seine »Anschlagmittel« (so heißt das Zeug) mehrheitlich an Kunden aus der Baubranche oder an Theater und Werften. Die Geschäfte gingen gerade noch so, sagte er mir 2013. Er wolle den Betrieb in naher Zukunft schließen. Die meisten seiner sechzehn Mitarbeiter sind im gleichen Alter wie er, Mitte fünfzig. Mit der Rente sei Schluss. Die besten Jahre waren die Achtziger. »Da haben wir uns den Markt mit der Konkurrenz schön aufgeteilt. Heute wühlen Leute lieber drei Stunden im Internet, um zehn Cent zu sparen, als sich hier schnell und fachlich gut beraten zu lassen!« Lusche gehört auch das Mietshaus in der Hauptstraße 119. Es stammt aus dem Jahr 1891 und hat im Zweiten Weltkrieg leider jeden Schmuck verloren. Seine Vorfahren sind seit dem frühen 18. Jahrhundert im Dorf Schöneberg Bauern gewesen. Sie waren später die sprichwörtlichen Millionenbauern, Landbesitzer, die mit der Veräußerung ihrer Äcker in den 1870er Jahren reich wurden, als Schöneberg vom Dorf zur Stadt mutierte. Berlin brauchte Fläche: für die Ringbahn, für Wohnraum. Binnen vierzig Jahren vervierfachte sich die Bevölkerung. 1910 lebten zwei Millionen Menschen in dem einstigen Knäul aus ursprünglichen Dörfern. Wird heute eine Wohnung bei Lusche frei, ist die Nachfrage so groß, dass er meist noch am selben Tag weitervermieten kann. Die Ecke ist begehrt. In seinen Wohnungen leben Jamaikaner, Polen, Afrikaner, Brasilianer, Kolumbianer. Er selbst wohnt in Zehlendorf: »Ich fand's hier nie so toll!« Ich frage ihn erst gar nicht, ob er denn gerne ins Odeon nebenan geht, das 1950 als Kino Sylvia startete und seit 1985 nur englischsprachige Originale zeigt.

Nils hat mich auch auf die enorme Kirchendichte im ehemaligen Dorfkern von Schöneberg hingewiesen. »Guck dir das noch mal an. Die Ecke ist cool. Man muss die eigene Stadt mit den Augen eines Gastes sehen! Manche sagen sogar, hinter den Kirchen liege der echte Schöneberg!« Zuerst schaue ich auf Google, dann in realiter nach. Die katholische Pfarrgemeinde St. Norbert musste sich nach veränderter Straßenführung mit einer abgetrennten Fassade zur Dominicusstraße begnügen. Teilweise war sie während des Zweiten Weltkrieges zerstört worden. Von 1958

Sticht ins Auge wie der Finger von Oliver Hardy bei Stan Laurel

bis 1962 wurde sie zu einer formsprachlichen Chimäre. Halb 19., halb 20. Jahrhundert. Ein böser Bruch. Als hätte sich jemand mit einer großen Wurstschneidemaschine an dem Bauwerk zu schaffen gemacht. Zeitgleich baute ein Architektenterzett die evangelische Paul-Gerhardt-Kirche mit bizarren Winkeln und einem futuristischen Kirchturm wieder auf. Erst jetzt wird mir klar, dass das Ganze hier ein Ensemble sein soll. Wer nichts weiß, sieht auch nichts. Und wer war Paul Gerhardt? Ein zur Dorfkirche erschienenes Buch gibt Antwort: »der große evangelische Liederdichter«. Ach so. Er lebte von 1606 bis 1667. Ach ja. Der Band zeigt auch die ursprüngliche Paul-Gerhardt-Kirche von 1910: ein neogotischer »Wasserturm« mit Jugendstilelementen. Oh nein. Warum haben die das nicht wieder aufgebaut? Das sah doch super aus! Diese ausgewetzten Kriegsscharten überall im Stadtbild sind wie Narbengewebe. Ungeschmeidig, unnatürlich hart. Ja, ja!

Dahinter liegt der Friedhof. Die prächtigen Mausoleen bezeugen, wie viel Geld die Millionenbauern tatsächlich hatten; an den alten Baumbeständen flitzen Eichhörnchen rauf und runter. Die Toten haben den Boden gut genährt. Und tatsächlich ist das Gelände hügelig, abschüssig bis hin zur Belziger Straße. Man möchte einfach glauben, dass es dieser Hügel war, der dem erstmals 1243 erwähnten »villa sconeberch«, dem Dorf Schöneberg, den Namen gab, und nicht die angestammte Tradition, neu besiedelte Flecke mit einem schön klingenden Namen zu versehen. So wie Lichtenberg. Oder Schönhausen.

Die kleine Exkursion hat mich froh gestimmt. Es stimmt wohl, was sie im Film »Ender's Game« über Aliens, also Fremdkörper, sagen: »Was man versteht, das liebt man.« Ich ziehe noch mal in Richtung Bestattungshaus Kluth und blicke mich um. Kann man seinen Blick durch Nachdenken wohlwollender stimmen? Von Feinstaub und Abgasen patinierte Tristesse fängt als Erstes meinen Blick ein: die Hauptstraße 52 mit hässlich grauer Fassade. Viele Scheiben sind blind: Da hilft auch kein zweites Hingucken, die Bude wird nicht schöner. Aber der Blick auf die gesamte Straße ist nicht mehr so vorbelastet: Es ist immer noch ein Straßenzug, durch den man tagsüber nur durchrast. Aber keine völlig leere, historische Hülse, die nur mit meiner projizierten Trauer vollgepumpt ist. Ein notwendiges, aber eben kein verabscheuungswürdiges Übel mehr. Weiter oben in der Rheinstraße liegt die Nicolaische Buchhandlung, die es seit 1713 gibt, seit 1926 in Friedenau. Da wollte ich die ganze Zeit schon hin. In der großen Abteilung für Berlin-Bücher stöbern sicher viele Menschen, die wie ich die Nase von einer rein identifika-

In echt sogar abschüssig: Final Destination Schöneberg

torischen Lesart der Stadt voll haben, die nicht ihre Geschichte, sondern die Spuren DER Geschichte lesen wollen. Da müsste ich hin, wenn ich all die ausgelassenen Perlen auf meiner kurzen Schnur in ihrem Wachstum bestaunen wollte: den Titania-Palast, das Odeon-Kino, den Bierpinsel. Dass David Bowie in der Hauptstraße 155 wohnte, kann man vernachlässigen. Interessant scheint mir nur, dass er im gleichen Sommer wie ich nach Berlin kam: 1976. Er blieb drei Jahre. Ich länger. Ich seufze. Schon wieder diese Selbsterhöhung durch Projektion.

An einem Samstag Ende März gehe ich mit meiner Tochter und meiner Freundin zu einem buddhistischen Vortrag. Er soll im Rathaus Schöneberg stattfinden. Dort ist zu abendlicher Stunde tüchtig was los: Gemeinnützige Organisationen können die Säle zum Vorzugspreis mieten. Im zweiten Stock wird ein persisches Neujahrsfest gefeiert, im Westflügel tanzen schwarze und weiße Jugendliche bei einer Performance. Wir sind im ersten Stock, der Raum heißt Kennedy-Saal. Noch denke ich mir nichts dabei. Das ändert sich, als wir den Vortragsraum betreten: dunkle Holzpaneele, graublaue Blumenornamente auf schwerer Textiltapete darüber. Und das Bild vis à vis vom Eingang: Es zeigt Kennedy samt Entourage von hinten. Da vorne ist also dieser Balkon. In diesem Zimmer hat John F. einen letzten Blick auf die handschriftlichen Notizen geworfen. Wir drei gehen zur Balkontür, die ich auf eine Alarmanlage hin untersuche. Keine Drähte, keine Kontakte, man kann die Flügeltür öffnen. Wir treten nach draußen. Sofort strömt der halbe Raum hinter uns auf den historischen Vorbau. Das will sich keiner entgehen lassen. Der Mythos zieht. Ich stelle mich an die Balustrade. Ohne Treppchen und Podest, denke ich, hätte man von good old John auch nur einen akkuraten Scheitel gesehen. Alle schießen Fotos mit ihren Handys und lachen. Dann überkommt es mich und ich spreche einen unüberlegten, aber mir vom Herzen kommenden Satz. So laut, dass ein paar der Menschen, die unten Flohmarktstände für den nächsten Tag aufbauen, zu mir aufblicken. Keiner klatscht, als ich mit leiernder John-F.-Stimme, die Fingerspitzen auf der Ballustrade, laut sage: »Ich bin ein Herner.«

Abbildungsnachweis
Archiv des Verlags: S. 45 (oben)
Friedrich, Uwe: S. 15
Heimatverein Steglitz: S. 45 (unten)
Museen Tempelhof-Schöneberg von Berlin/Archiv: 110
Panzert, René, arcRPdesign: S. 43, 59, 63
Topp, Marijke: S. 13, 29, 33, 47, 52, 53, 54, 55, 70, 72, 86, 89, 90, 111, 115, 132, 135, 137, 139, 141
Wieprecht, Volker: 131, 133

Dank
Marijke, Michael, Holger, Nils: ich danke Euch sehr.

© Cathrin Bach

Über den Autor
Volker Wieprecht, 1963 in Herne geboren, studierte Germanistik, Philosophie und Altphilologie und ist seit Mitte der 1980er Jahre als Radio-Moderator tätig. Im September 2013 erhielt Wieprecht den Deutschen Radiopreis in der Kategorie »Bester Moderator«. Gemeinsam mit Robert Skuppin verfasste er zuletzt »Das erste Mal: Küssen, Fliegen, Siegen und andere Debüts«, im be.bra verlag erschien von dem Autorenduo »Berliner populäre Irrtümer. Ein Lexikon«.

Mehr Berliner Orte!

In den »Berliner Orten« nähern sich Autoren mit ihrem ganz eigenen Stil einem Ort, der für sie eine besondere Rolle spielt. Mal persönlich, mal historisch und immer ganz individuell zeigt die Reihe Berlin in seiner ganzen Vielfältigkeit und Kreativität.

Knut Elstermann
Meine Winsstraße
ISBN 978-3-89809-107-7

Brauseboys
Geschichten aus der Müllerstraße
ISBN 978-3-89809-108-4

Kurt Tucholsky
Westend bis Köpenick
ISBN 978-3-89809-109-1

Volker Wieprecht
Zwischen Kreisel und Kleistpark
ISBN 978-3-89809-119-0

Rolf Schneider
Bölschestraße
ISBN 978-3-89809-120-6

Hans Ostwald
Dunkle Winkel
ISBN 978-3-89809-121-3

www.bebraverlag.de

je 144 Seiten,
je 9,95 € [D]

be.bra verlag